1,000,000 Books
are available to read at

Forgotten Books

www.ForgottenBooks.com

Read online
Download PDF
Purchase in print

ISBN 978-0-428-74500-4
PIBN 11300052

This book is a reproduction of an important historical work. Forgotten Books uses state-of-the-art technology to digitally reconstruct the work, preserving the original format whilst repairing imperfections present in the aged copy. In rare cases, an imperfection in the original, such as a blemish or missing page, may be replicated in our edition. We do, however, repair the vast majority of imperfections successfully; any imperfections that remain are intentionally left to preserve the state of such historical works.

Forgotten Books is a registered trademark of FB &c Ltd.
Copyright © 2018 FB &c Ltd.
FB &c Ltd, Dalton House, 60 Windsor Avenue, London, SW19 2RR.
Company number 08720141. Registered in England and Wales.

For support please visit www.forgottenbooks.com

1 MONTH OF FREE READING

at
www.ForgottenBooks.com

By purchasing this book you are eligible for one month membership to ForgottenBooks.com, giving you unlimited access to our entire collection of over 1,000,000 titles via our web site and mobile apps.

To claim your free month visit:
www.forgottenbooks.com/free1300052

* Offer is valid for 45 days from date of purchase. Terms and conditions apply.

English
Français
Deutsche
Italiano
Español
Português

www.forgottenbooks.com

Mythology Photography **Fiction**
Fishing Christianity **Art** Cooking
Essays Buddhism Freemasonry
Medicine **Biology** Music **Ancient Egypt** Evolution Carpentry Physics
Dance Geology **Mathematics** Fitness
Shakespeare **Folklore** Yoga Marketing
Confidence Immortality Biographies
Poetry **Psychology** Witchcraft
Electronics Chemistry History **Law**
Accounting **Philosophy** Anthropology
Alchemy Drama Quantum Mechanics
Atheism Sexual Health **Ancient History**
Entrepreneurship Languages Sport
Paleontology Needlework Islam
Metaphysics Investment Archaeology
Parenting Statistics Criminology
Motivational

rheinische Landgemeindeverfassun seit der französischen Zeit.

Abhandlung

zur

Erlangung der Doktorwürde

vorgelegt der

Juristischen Fakultät

der

einischen Friedrich-Wilhelms-Universität zu Bonn

von

GEORG ROLEF

Referendar.

Die Promotion wird am 15. Oktober 12 Uhr erfolgen.

Berlin und Leipzig

Angenommen auf Bericht der Herren Professoren:
Dr. Zorn und Dr. Bergbohm.

Herrn Professor Dr. Fritz Stier-Somlo
atmässigem Professor des öffentlichen Rechts an der Hochschul
für kommunale und soziale Verwaltung in Coeln a. Rh.

in dankbarer Verehrung gewidmet.

Inhaltsübersicht.

		Seite
§ 1.	Einleitung:	1
	Geschichte und Verfassung der rheinischen Ortsgemeinden vor der französischen Revolution	1
	I. Hauptabschnitt:	
	Die französische Verwaltungsgesetzgebung	15
	1. Abschnitt:	
	Während der Dauer der französischen Herrschaft	
§ 2.	a) Die zweite französische Gemeindeverfassung	15
§ 3.	b) Die dritte französische Gemeindeverfassung	19
§ 4.	c) Die bergische Gemeindeordnung	28
§ 5.	d) Vergleich des französischen Verwaltungssystems mit dem des Preussiscken Allgemeinen Landrechts	30
	2. Abschnitt:	
	Nach Aufhebung der Fremdherrschaft	38
	a) Massnahmen der preussischen Regierung	38
§ 6.	aa) Die Wiedereinsetzung der preussischen Behörden	38
§ 7.	bb) Die Gutachten der rheinischen Regierungen	39
	b) Die Vorarbeiten zu einer vollständigen Verwaltungsorganisation	42
§ 8.	aa) Die Beratungen der sechs ersten Provinziallandtage	42
§ 9.	bb) Der dem siebenten Provinziallandtag vorgelegte Entwurf einer Gemeindeordnung	47
	II. Hauptabschnttt:	
	Die Selbstverwaltung der Gemeinden unter preussischer Gesetzgebung	52
	1. Abschnitt:	
	Die Gemeindeordnung von 1845	52

			Seite
§ 10.	a)	Wesentlicher Inhalt dieses Gesetzes	52
§ 11.	b)	Kritische Würdigung der Gemeindeordnung von 1845	63

2. Abschnitt:
Die preussische Gemeindeordnung von 1850 . 74

§ 12.	a) Der Inhalt des Gesetzes vom 11. 3. 1850	74
§ 13.	b) Kritik der preussischen Gemeindeordnung	85

3. Abschnitt:
Das Gemeindeverfassungsgesetz von 1856 . . 89

§ 14.	a) Die Beratungen im Abgeordnetenhause .	89
§ 15.	b) Der Inhalt des Gesetzes vom 15. 5. 1856	95
§ 16.	c) Bedeutung des Gemeindeverfassungsgesetzes	100

4. Abschnitt:
Die Verwaltungsreformeu der 80er Jahre und Abänderungen durch spätere Gesetze . . . 100

§ 17.	a) Die Vorgeschichte der Reformen . . .	103
§ 18.	b) Inhalt der Reformen	105
§ 19.	c) Die Abänderung durch spätere Gesetze .	115
§ 20.	d) Kritischer Ueberblick über die gesamten Reformen	120

5. Abschnitt:
Die gegenwärtig geplante Reform der Landgemeindeordnung von 1845/1856 129

§ 21.	a) Uebersicht über die wesentlichen Abänderungsvorschläge	129
§ 22.	b) Beratungen und Vorschläge des rheinischen Provinziallandtages	136
§ 23.	c) Der Regierungsentwurf zur Abänderung der rheinischen Landgemeindeordnung	144
	d) Kritische Würdigung der Reformen . .	149
§ 24.	aa) Ueberblick über die berücksichtigten Forderungen	149
§ 25.	bb) Uebersicht über die nicht berücksichtigten Vorschläge	160

6. Abschnitt:
Das Zweckverbandsgesetz vom 19. Juli 1911 und seine Bedeutung für die rheinischen Landgemeinden 170

§ 26.	a) Der wesentliche Inhalt	170
§ 27.	b) Die Bedeutung für die rheinischen Landgemeinden	177

Literatur-Verzeichnis.

1. Acta Borussica: Die Behördenorganisation und die allgemeine Staatsverwaltung Preussens im 18. Jahrhundert, Bd. VI. Berlin 1901.
2. Annalen des historischen Vereins für den Niederrhein. Bd. 11, 16, 19, 25.
3. von Below: Territorium und Stadt. Leipzig 1900.
4. Benzenberg: Ueber Provinzialverfassung in Jülich. Berg, Kleve und Mark. 2 Bde Hamm 1819.
5. Bergius: Preussen in staatsrechtlicher Beziehung. Münster 1841.
6. Derselbe: Ergänzungen. Münster 1843.
7. Blodig: Die Selbstverwaltung als Rechtsbegriff. Wien und Leipzig 1894.
8. Bornhak: Geschichte des preussischen Verwaltungsrechts. 3 Bde. Berlin 1903.
9. Derselbe: Preussische Staats- und Rechtsgeschichte. Berlin 1903.
10. von Brauchitsch: Die Gemeindeverfassungsgesetze für die Rheinprovinz. Berlin 1905.
11. Buhl: Die Gemeindeverfassung der östlichen Provinzen des preussischen Staates und der Rheinprovinz, Leipzig 1846.
12. Caro: Beiträge zur älteren deutschen Verfassungs- und Wirtschaftsgeschichte. Leipzig 1905.
13. Borman und von Daniels: Handbuch der in Rheinland verkündeten Gesetze. 8 Bde. Cöln 1833—1845.
14. Dasbach: Die rheinische Landgemeindeordnung von 1845. Trier 1909.
15. Evert; Die Dreiklassenwahl in den preussischen Stadt- und Landgemeinden. Berlin 1901.
16. Gierke: Geschichte der deutschen Genossenschaft. 2 Bde. Berlin 1868 und 1873.
17. Derselbe: Deutsches Privatrecht. 2 Bde. Leipzig 1895.

18. Grotefend: Die Organisation der staatlichen und kommunalen Verwaltung der Rheinprovinz. Düsseldorf 1888.
19. Derselbe: Das allgemeine Preussische Landrechts Düsseldorf 1879.
20. Halbey: Das Gemeindeverfassungs- und Verwaltungsrecht für die östlichen Provinzen. Berlin 1899.
21. Harnisch: Die Gemeindeverfassung der Rheinprovinz in ihrer heutigen Gestalt. Düsseldorf 1897.
22. Hashagen: Das Rheinland und die französiche Herrschaft. Bonn 1908.
23. Hatscheck: Die Selbstverwaltung. Leipzig 1898.
24. Haxthausen: Nachtrag zum Gutachten über die westlichen Provinzen. Berlin 1843.
25. von Holtzendorff-Kohler: Encyklopaedie der Rechtswissenschaft. 2 Bde. Leipzig u. Berlin 1902|04.
26. von Holtzendorff: Rechtslexikon. Leipzig 1881.
27. Jebens: Verwaltungsrechtliche Aufsätze. Berlin 1899.
28. Isaacsohn: Geschichte des preussischen Beamtentums. Berliu 1874.
29. Kessler: Die preussische Selbstverwaltung und ihre Fortbildung. Berlin 1890.
30. Kinne: Die Autonomie der Kommunalverbände in Preussen. Berlin 1890.
31. Kötzschke: Studien zur Verwaltungsgeschichte der Grossgrundherrschaft Werden an der Ruhr. Leipzig 1901.
32. Lacomblet: Archiv für die Ceschichte des Niederrheins. Cöln 1862—1869.
33. Lamprecht: Deutsches Wirtschaftsleben im Mittelalter. Leipzig 1885|86.
34. Max Lehmann: Freiherr vom Stein. Leipzig 1902.
35. Loening; Lehrbuch des deutschen Verwaltungsrechts. Leipzig 1884.
36. Maassen-Merklinghaus: Die allgemeine kommunale Verwaltung in der Rheinprovinz. Cöln 1887.
37. Otto Mayer: Theorie des französischen Verwaltungsrechts. Strassburg 1886.
38. Maurer: Geschichte der Dorfverfassung. Erlangen 1869—71.
39. Derselbe: Territorium und Stadt. Leipzig 1900.
40. E. v. Meier: Die Reform der Verwaltungsorganisation unter Stein-Hardenberg. Leipzig 1881.

41. Derselbe: Französische Einflüsse auf die Staats- und Rechtsentwicklung Preussens im XIX. Jahrhundert. 2 Bde. Leipzig 1907|08.
42. Neukamp: Die Staats- und Selbstverwaltung der Rheinprovinz. Essen 1888.
43. von Plettenberg: Der Gemeindevorsteher. Düsseldorf 1890.
44. Roberti-Jessen: Das allgemeine staatliche Aufsichtsrecht gegenüber den Selbstverwaltungskörpern in Preussen. (Diss.) Greifswald 1905.
45. von Raumer; Ueber die preussische Städteordnung. Leipzig 1828.
46. Reichards: Städtische Verfassungen in Deutschland. Leipzig 1830.
47. von Rönne: Die Gemeindeordnung für den preussischen Staat. Brandenburg 1850.
48. Schoen, Recht der Kommunalverbände. Leipzig 1897.
49. Schmidt: Verfassung der rheinischen Landgemeinden in ihrer heutigen Gestalt. 2. und 3. Auflage. Trier 1903 und 1907.
50. Schmitz; Die Landgemeindeordnung für die Rheinprovinz. Koblenz 1887.
51. Derselbe: Die Bürgermeisterei- und Amtsverfassung. Koblenz 1867.
52. Schütze: Bezirk und Organisation der Niederrheinischen Ortsgemeinde. (Diss.) Marburg 1901.
53. Scotti: Gesetze und Verordnungen für Jülich und Berg. Düsseldorf 1821|22.
54. Sperling: Zur Reform der rheinischen Landgemeindeordnung. Cöln 1909.
55. Strutz: Die Kommunalverbände in Preussen. Berlin 1888.
56. Streckfuss: Ueber die preussische Städteordnung. Beleuchtung der Schrift des Herrn Professors von Raumer unter gleichem Titel. Berlin 1828.
57. v. Treitschke: Deutsche Geschichte im 19. Jahrhundert. Leipzig 1889.
58. v. Ulmenstein: Die preussische Städteordnung und französische Kommunalordnung. Berlin 1829.
59. Uebersicht der Verhandlungen der Rheinischen Provinziallandtage (Band 1—6) Koblenz 1827—1846.
60. Verhandlungen und stenographischen Berichte des Abgeordnetenhauses. Session 1910 u. 1911.

61. Verhandlungen und stenographischen Berichte des 49. Provinziallandtages vom 7.—16. März 1909.
62. Weiske: Sammlung neuerer Teutschen Gemeindegesetze. Leipzig 1848.
63. von Woyna: Die Verwaltungsgesetzgebung für die Rheinprovinz. Trier 1887.

Zitierweise.

Acta Borussica = Acta Borussica, Die Behördenorganisation und die allgemeine Staatsverwaltung Preussens im 18. Jahrhundert.
Annalen = Annalen des historischen Vereins für den Niederrhein.
Anl. z. d. Prot. d. Prov. Landt. = Anlagen zu den Protokollen des Provinziallandtages.
Art. = Artikel.
Below = von Below, Territorium und Stadt.
Benzenberg = Benzenberg, Ueber Provinzialverfassung in Jülich, Berg, Clave und Mark.
Bergius = Bergius, Preussen in staatsrechtlicher Beziehung.
Bergius, Ergänzungen = Bergius, Ergänzungen.
Blodig = Blodig, Die Selbstverwaltung als Rechtsbegriff.
Bornhak, Verwaltungsrecht = Bornhak, Geschichte des preussischen Verwaltungsrechts.
Bornhak, Rechtsgeschichte = Bornhak. Preussische Staats- und Rechtsgeschichte.
Brauchitsch = von Brauchitsch, Die Gemeindeverfassungsgesetze für die Rheinprovinz.
Buhl = Buhl, Die Gemeindeverfassung der östlichen Provinzen des preussischen Staats und der Rheinprovinz.
Caro = Caro, Beiträge zur älteren deutschen Verfassungs- nnd Wirtschaftsgeschichte.
Daniels = Bormann & von Daniels, Handbuch der in Rheinland verkündeten Gesetze.
Dasbach = Dasbach, Die rheinische Landgemeindeordnung.
Drucks. d. Abgh. = Drucksachen des Abgeordnetenhauses.
EStg. = Einkommensteuergesetz.
Evert = Evert, Die Dreiklassenwahl in den preussischen Stadt- und Landgemeinden.
Gierke, Genossenschaftsrecht = Gierke, Geschichte der deutschen Genossenschaft.

Gierke, Privatrecht = Gierke, Deutsches Privatrecht.
Grotefend, Organisation = Grotefend, Die Organisation der staatlichen und kommunalen Verwaltung der Rheinprovinz.
Grotefend, Preussisches Landrecht = Grotefend, Das allgemeine Preussische Landrecht.
G.O. = Gem.O. = Gemeindeordnung.
G.S. = Gesetzessammlung für die Preussischen Staaten = Preussische Gesetzessammlung.
G.V.G. = Gemeindeverfassungsgesetz.
Halbey = Halbey, Das Gemeindeverfassungs- und Verwaltungsrecht für die östlichen Provinzen.
Harnisch = Harnisch, Die Gemeindeverfassung der Rheinprovinz in ihrer heutigen Gestalt.
Hashagen = Hashagen, Das Rheinland und die französische Herrschaft.
Hatscheck = Hatschek, Die Selbstverwaltung.
Haxthausen = Haxthausen, Nachtrag zum Gutachten über die westlichen Provinzen.
Holtzendorff, Encyklopaedie = von Holtzendorff-Kohler, Encyklopaedie der Rechtswissenschaft.
Holtzendorff, Rechtslexikon = von Holtzendorff, Rechtslexikon.
Jebens = Jebens, Verwaltungsrechtliche Aufsätze.
Isaacsohn = Isaacsohn, Geschichte des preussischen Beamtentums,
K.A.G. = Kommunalabgabengesetz.
Kessler = Kessler, Die preussische Selbstverwaltung und ihre Fortbildung.
Kinne = Kinne, Die Autonomie der Kommunalverbände in Preussen.
Königl. Ver. = Königliche Verordnung.
Kötzschke = Kötzschke, Studien zur Verwaltungsgeschichte der Grossgrundherrschaft Werden an der Ruhr.
Kr.O. = Kreisordnung.
Lacomblet = Lacomblet, Archiv für die Geschicte des Niederrheins.
Lamprecht = Lamprecht, Deutsches Wirtschaftsleben im Mittelalter.
Lehmann = Max Lehmann, Freiherr vom Stein.
Loening = Loening, Lehrbuch des deutschen Verwaltungsrechts.

L.V. = Landesverwaltungsgesetz.
Maassen-Merklinghaus = Maassen-Merklinghaus, Die allgemeine kommunale Verwaltung in der Rheinprovinz.
Maurer, Dorfverfassung = Maurer, Geschichte der Dorfverfassung.
Maurer, Territorium = Maurer, Territorium und Stadt.
Mayer = Otto Mayer, Theorie des französischen Verwaltungsrechs.
E. v. Meier, Reform = E. v. Meier, Reform der Verwaltungsorganisation unter Stein-Hardenberg.
E. v. Meier, Einflüsse = E. v. Meier, Französische Einflüsse auf die Staats- und Rechtsentwicklung Preussens.
M.Bl. = Ministerialblatt.
Neukamp = Neukamp, Die Staats- und Selbstverwaltung der Rheinprovinz.
Plettenberg = von Plettenberg, Der Gemeindevorsteher.
O.V.G. = Oberverwaltungsgericht.
Roberti-Jessen = Roberti-Jessen, Das allgemeine staatliche Aufsichtsrecht gegenüber den Selbstverwaltungskörpern in Preussen.
Raumer = von Raumer, Ueber die preussische Städteordnung.
Reichards = Reichards, Städtische Verfassungen in Deutschland.
Rönne = von Rönne, Die Gemeindeordnung für den preussischen Staat.
Schoen = Schoen, Recht der Kommunalverbände.
Pr.G.O. = Preussische Gemeindeordnung.
Prot. d Prov. Landt. = Protokolle des Provinziallandtages.
Schmidt, Gemeindeverfassung = Schmidt, Verfassung der rheinischen Landgemeinden in ihrer heutigen Gestalt.
Schmitz, Landgemeindeordnung = Schmitz, Die Landgemeindeordnung für die Rheinprovinz.
Schmitz, Bürgermeistereiverfassung = Schmitz, Die Bürgermeisterei- und Amtsverfassung.
Schütze = Schütze, Bezirk und Organisation der Niederrheinischen Ortsgemeinde.
Scotti = Scotti, Gesetze und Verordnungen für Jülich und Berg.
Sperling = Sperling, Zur Reform der rheinischen Landgemeindeordnung.
Sten. Ber. Abgh. = Stenographische Berichte des Abgeordnetenhauses.

Sten. Ber. Prov. = Stenographische Berichte des Provinziallandtages.
Strutz, Kommunalverbände = Strutz, Die Kommunalverbände in Preussen.
Streckfuss = Streckfuss, Ueber die preussische Städteordnung. Beleuchtung der Schrift des Herrn Professors von Raumer unter gleichem Titel.
Treitschke = von Treitschke, Deutsche Geschichte im 19. Jahrhundert.
Ulmenstein = von Ulmenstein, Die preussische Städteordnung und die französische Kommunalordnung.
Verh. Abgh. = Verhandlungen des Abgeordnetenhauses.
Verh. Herr. = Verhandlungen des Herrenhauses.
Verb. Prov. Landtg. = Verhandlungen des Provinziallandtages.
Weiske = Weiske, Sammlung neuerer Teutschen Gemeindegesetze.
Woyna = von Woyna, Die Verwaltungsgesetzgebung für die Rheinprovinz.
Z.G. = Zuständigkeitsgesetz.

Einleitung.

§ 1.
Geschichte und Verfassung der rheinischen Ortsgemeinden vor der französischen Revolution.

Bis zur französischen Revolution kann man von einer Verwaltung der Landgemeinden in heutigem Sinne kaum reden. Die Verfassung der Gemeinden beruhte bis dahin vielfach auf reiner wirtschaftlicher Grundlage.[1] Solche auf gemeinsamer wirtschaftlicher Basis ruhenden Genossenschaften wurden vornehmlich Honnschaft genannt. Sie entstanden mit der Entwicklung der deutschen Territorien. Es entwickelten sich die beiden Systeme des Einzelhofs und der geschlossenen Dorfschaft. Beide lassen sich im rheinischen Gebiet nachweisen, das erstere in den nördlichen und östlichen, das letztere in den südlichen und westlichen Teilen.[2] Der Zweck der Dorfgenossenschaft des Mittelalters bestand vor-

---
[1] Gierke, Privatrecht I, § 57; Gierke, Genossenschaftsrecht I, S. 518, 521, 752; E. v. Meier, Reform S. 121.
[2] Schütze, S. 8; E. v. Meier, Einflüsse II, S. 86.

nehmlich in der Erfüllung von wirtschaftlichen Funktionen der Genossenschaft, doch waren sie derartig umfangreich, dass sie einer gewissen Organisation bedurften. Diese Regelung stellte natürlich den wirtschaftlichen Verwaltungszweck in den Vordergrund.

An der Spitze der Honnschaft stand der Dorfvorsteher, Honne genannt, der in manchen Beziehungen an den heutigen Gemeindevorsteher erinnert. Er wurde regelmässig von der Dorfgenossenschaft gewählt, in sein Amt eingesetzt und vereidigt.[1]) Da der Dorfvorsteher lediglich genossenschaftliche Angelegenheiten zu besorgen hatte, ist die Art seiner Bestallung und auch der Umstand selbstverständlich, dass die Genossenschaft sich einen wesentlichen Einfluss auf den massgebenden Beamten ihres Verbandes vorbehielt. Die Dauer des Vorsteheramtes betrug in der Regel ein Jahr, manchmal auch einen längeren Zeitraum. Durch den jährlichen Wechsel wollte man Vereinigung eines allzu grossen Einflusses in einer Person verhüten, auch wurde durch das Umgehen des Amtes von Mitglied zu Mitglied am leichtesten der Friede in der Dorfschaft gewahrt.

Der Zeitpunkt der Amtsübernahme fiel gewöhnlich zwischen November und Februar. Jedenfalls hat hierfür kein bestimmter Zeit-

---

[1]) Maurer, Dorfverfassung II, S. 24, 22, 25; Schütze, S. 16, 17. Annalen, Weistum und Urkunden von Nieder-. dollendorf und Longerich 19, 287; Annalen. Eckertz, Weistum von Mayschoss 16, 76; Lacomblet I, S. 217; Maurer, Dorfverfassung II, S. 32 f.; Schütze, S. 58, 61.

punkt bestanden. Dass der Amtsantritt in den Winter fiel, findet darin seine Begründung, dass in dieser Jahreszeit die Feldarbeit ruhte und dem neuen Dorfvorsteher mehr freie Zeit gegeben wurde, sich einzuarbeiten. Seine Dienstunkosten und die Entschädigung für Mühewaltung bestritt er aus Amtssporteln und gewissen Vorrechten an den Gemeindenutzungen. In den Gemeinden, wo die Landesherren bedeutende Eingriffe in die Gemeindeverwaltung ausübten, erhielten die Dorfvorsteher Besoldung.[1]) Die Tätigkeit dieser Beamten bestand hauptsächlich in der Regelung genossenschaftlicher Beziehungen der Gemeindemitglieder untereinander. Es lag ihnen die Wahrnehmung der Interessen der Dorfgenossenschaft sowohl privater als auch öffentlicher Angelegenheiten ob. Demnach waren sie einmal verpflichtet, bei Zuteilung von Waldnutzungen, Regelung des Fährwesens, Verkäufen von Gemeingut ihre Gemeinde zu vertreten, ausserdem lag aber auch die innere Verwaltung der Dorfschaft in ihrer Hand.[2]) Als Verwaltungsbeamte hatten sie den Vorsitz im Dorfgericht, dem sog. Nachbarding. In Dorfschaften, die Strafgewalt über ihre Mitglieder besassen, hatte der Vorsteher Schadenbesichtigungen im Namen der Dorfschaft vorzunehmen. Als Vorsitzender des Dorfgerichts hatte er die Befugnis der

---

[1]) Schütze, S. 57, 62; Lacomblet I, S. 232, Scotti, Nr. 845.

[2]) Schütze, S. 49; E. v. Meier, Einflüsse II, S. 87.

Pfändung bei den Genossen,[1]) er übte die Aufsicht über den gemeinsamen Weidegang und das zum Weidegang bestimmte Vieh aus, das er in gewissen Zeiträumen besichtigte, wie er auch unter bestimmten Voraussetzungen Einzelhut des Viehes gestatten konnte.[2]) Weiterhin versah er in manchen Gemeinden den Dienst eines Amtsknechts, in anderen den des Gerichtsboten. Man sieht hier die ersten Ansätze zu der politischen Stellung, die dem Vorsteher später als Verwaltungsbeamten zukommt. In den Fällen, wo er diese Seiten seines Amtes ausübte, besass der Landesherr oder dessen Beamte einen gewissen Einfluss auf die Besetzung des Amtes. Vereinzelt hatte der Vorsteher auch die Steuern zu erheben und ausnahmsweise kirchliche Vermögensverwaltungen zu besorgen.[3])

Als sein Hilfsorgan wird der Schütz genannt, dem die Beaufsichtigung der Dorfmark mit der Verpflichtung oblag, Feldfrevel zur Anzeige zu bringen. Seine Tätigkeit entsprach im wesentlichen der unseres heutigen Feld- oder Flurhüters.[4])

Das wichtigste Organ der Dorfschaft war die Versammlung aller Genossen, die Gemeindeversammlung auch Nachbarding oder Burding genannt. Sie war zuständig in wichtigen Angelegenheiten der Dorfverwaltung,

---
[1]) Annalen, Eckertz Mayschosser Weistum 16, S. 76; Ennen Weistümer 11, S. 124, Schütze S. 53 f.
[2]) Schütze, S. 52, 55.
[3]) Maurer, Dorfverfassung II, S. 40 f.; Schütze, S. 37, 52.
[4]) Schütze, S. 62 f.

vor allem hatte sie die Gemeindebeamten zu wählen und einzusetzen. In vereinzelten Fällen gehörte zu ihren Befugnissen auch die Erledigung von kirchlichen Angelegenheiten. Als Dorfgericht hatte das Nachbarding sich vor allem mit Feld- und Waldfreveln zu befassen und es besass eine dahingehende Strafgewalt. Ferner urteilte es alle Uebertretungen der Gemeindesatzungen ab und schlichtete die Streitigkeiten unter den Gemeindemitgliedern, soweit für sie nicht öffentliche Gerichte zuständig waren.[1]

Die Arten der „Dinge" waren gebotene und ungebotene. Letztere fanden an ein für allemal festbestimmten Tagen des Jahres statt.[2] Eine eigenartige Form der Verhandlung tritt uns hier entgegen, das Institut der Vorsprecher.[3] Es trug nämlich nicht jedes Mitglied sein Anliegen auf dem Nachbarding selbst vor, vielmehr besorgte dies an seiner Stelle der Vorsprecher. Aus diesem Brauch lässt sich mit Sicherheit schliessen, dass die Verhandlungen auf dem Ding an bestimmte Wortformeln gebunden waren, die nicht jeder beherrschte.

Zu den erwähnten Gemeindeorganen kam im 14. oder 15. Jahrhundert noch ein Ge-

---

[1] Annalen, Ennen Weistümer von Fischenich 11, S. 122; Pick, Holzlarer Weistum 25, S. 243; 11, S. 123; 25, 241; Schütze, S. 83 f.

[2] Annalen, Weistum und Urkunden von Niederdollendorf 19, 287; Schütze, S. 86.

[3] Lacomblet VIII, S. 319, Schütze, S. 89; Annalen, Ennen, Weistümer von Fischenisch 11, 123.

schworenenkollegium hinzu, das dem Dorfvorsteher als ständiger Beirat oder Gemeindeausschuss zur Seite stehen sollte.[1]) Auf dem Nachbarding traten die Geschworenen als Verhandlungsführer auf, sie berieten und beschlossen, während die übrigen Gemeindemitglieder regelmässig den „Umstand" bildeten, dessen Einwilligung bei Gemeindebeschlüssen erforderlich war. Sie unterstützten den Vorsteher bei manchen Angelegenheiten (Pfändung, Schaden- und Grenzbesichtigung), vielfach ging auch die Tätigkeit der Steuerverteilung von dem Vorsteher auf die Geschworenen über. Das Kollegium bestand keineswegs aus Personen, die aus besonderem Vertrauen der Gemeindemitglieder gewählt waren, vielmehr war bestimmten Höfen in der Dorfschaft das Recht eingeräumt, einen Geschworenen zu dem Kollegium zu stellen. Dieses Privilegium, welches anfänglich nur den Frohnhöfen zustand, wurde mit der Zeit auch anderen grösseren Höfen zuteil. Hieraus entstand eine allgemeine Bevorrechtung des grösseren Grundbesitzes, welche später, wie wir sehen werden, zu schweren Konflikten führte.[2])

Das Recht der Gemeindemitgliedschaft wurde durch Geburt oder Aufnahme erworben. Ursprünglich war das Recht der Vollgenossen vorwiegend geknüpft an den Grundbesitz, dessen Minimum regelmässig bestimmt

---

[1]) Maurer, Dorfverfassung II, § 271, Schütze, S. 76, 80.
[2]) Gierke, Privatrecht I, S. 587.

war. Zuweilen berechtigte auch bloss eigener Hausstand in der Dorfschaft zur Teilnahme an allen Gemeinderechten.[1] Um Fremden den Genuss der damit verbundenen Vorzüge zu erschweren, führte man Aufnahmebedingungen ein. Selbst bei Uebergang der Wirtschaft von Vater auf Sohn musste letzterer seine Aufnahme beantragen und hierbei eine Gebühr, den „Einzug", hinterlegen. Diese Gebühr war bei einem Fremden erheblich höher. Eine weitere Klasse von Gemeindeangehörigen bildeten die gedingten Knechte, das Gesinde, denen jedoch weder Gemeindemitgliedschaft noch überhaupt irgend ein Anteil an der Gemeindeverwaltung zustand. Vielfach fand sich noch eine vierte Gruppe von Gemeindegenossen vor, „Kötter" genannt. Darunter versteht man diejenigen selbständigen Personen, die etwas Besitz nahe am Dorf zwischen den „Gewannen" oder nur Haus und Gärten und keinen oder nur geringen Anteil an der Allmende hatten. Vielfach war ihnen das Recht eingeräumt, in gewissen Dorfangelegenheiten an der Verwaltung teilzunehmen. Sie hatten die Pflicht, auf dem Ding zu erscheinen. Jedenfalls nahmen sie aber hier eine durchaus unbedeutende Stellung ein.[2]

Unter bestimmten Umständen konnte die

---

[1] Gierke, Privatrecht I, S. 587; Gierke, Genossenschaftsrecht I, S. 593, 603; E. v. Meier, Einflüsse II, S. 87.

[2] Gierke, Privatrecht I, S. 587; Annalen, Pick, Holzlarer Weistum 25. 241, 247.

Gemeindemitgliedschaft entzogen werden. Wenn nämlich ein Mitglied ein schweres Verbrechen begangen hatte, blieb es so lange von der Nachbarversammlung ausgeschlossen, bis es seine Tat ganz gesühnt hatte. Bezahlte ein Dorfgenosse die auferlegten Bussen nicht, war er ungehorsam gegen die Gemeindebeschlüsse, oder weigerte er sich, die ihm übertragenen Aemter zu übernehmen, so hatte dies gleichfalls den Verlust der Gemeindemitgliedschaft zur Folge.[1])

Diese Grundzüge der Dorfverfassung finden wir bei allen Dorfschaften, mochten sie nun freie, halbfreie oder gemischte, oder unfreie Gemeinden sein. In den gemischten und unfreien Gemeinden übten die Grundherren bei der Anstellung von Gemeindebeamten eine mehr oder weniger grosse Macht aus, indem sie dieselben entweder ernannten oder die Präsentierten bestätigten.[2]) Im übrigen waren aber sämtliche Gemeinden in der Regelung aller ihrer Angelegenheiten vollkommen selbständig, ohne dass zu dieser Zeit die Grundherren oder Landesobrigkeit ein Aufsichts- oder Eingriffsrecht in Gemeindeangelegenheiten für sich in Anspruch genommen hätten.[3])

Anfänglich war das Vorsteheramt gesucht, und es wurden nur solche Angesessene zu

---

[1]) Schütze, S. 94 f.

[2]) Annalen, Ennen, Weistümer von Fischenich 11, 124; Eckertz, Mayschosser Weistum 16, 76.

[3]) Annalen, Weistum und Urkunden von Niederdollendorf 19, 287; Schütze, 32.

dem Amte zugelassen, die in der Dorfschaft Grundstücke besassen. Allmählich sank die Bedeutung dieses Gemeindeamtes, da die Selbständigkeit der Gemeinden eingeschränkt wurde; man empfand es schliesslich als Last. Da bei Verlust der Mitgliedschaft eine Verpflichtung zur Uebernahme von Gemeindeämtern bestand, liess der Landesherr auf Ersuchen Befreiungen vom Vorsteheramt zu.[1])

Die Selbständigkeit begann seit dem 17. Jahrhundert an Umfang zu verlieren. Nur in den preussischen Gebietsteilen hat sie sich freilich unter manchen Kämpfen auch späterhin erhalten.[2]) Auf der einen Seite waren von jeher Feinde der wirtschaftlichen Gemeinde die Grundherren. Sie wollten möglichst viele Ortschaften in ihre Abhängigkeit bringen und erlaubten sich entsprechend dem Wachsen ihrer Macht immer mehr Eingriffe in die den Gemeinden zustehenden Befugnisse. Die andere Gefahr, die den Untergang der Dorfgenossenschaft schliesslich herbeiführen musste, drohte von innen. Die Grundlage, ohne welche die wirtschaftliche Gemeinde nicht bestehen konnte, war die gemeinsame Mark. Durch ihre Aufteilungen im Laufe der Jahrhunderte, sowie die Absonderung der neubegründeten Dorfschaften von den Mutterdörfern und durch die fortschreitende Ent-

---

[1]) Maurer, Dorfverfassung II, § 165, Below, Territorium, S. 129 f., Schütze, 32, 58; Lamprecht I, S. 1008, Anm. 4.
[2]) Acta Borussica VI, 1, 482, 484, 486; Lehmann I, S. 91 f.

wicklung des Sondereigentums wurde der wirtschaftlichen Gemeinde zum grossen Teil ihre Unterlage entzogen, und sie sank zur untergeordneter Bedeutung herab. Zu diesen Gefahren kamen noch andere hinzu durch die Aufnahme der fremden Rechte, die Wandlungen in Politik, Philosophie und Nationalökonomie. Die Lasten der Dorfschaft wurden allmählich zu drückend für die Vollgenossen. Man zog daher die Schutzgenossen, deren Zahl sehr gestiegen war, zu den Gemeindelasten heran. Die Folge war, dass man ihnen die bisher vorenthaltene Gemeindemitgliedschaft nicht mehr verwehren konnte. Auf diese Weise bildete sich der Begriff einer weiteren umfassenden, persönlichen (der späteren politischen) Bürgergemeinde, gegenüber der älteren, engeren Dorfmark oder Realgemeinde.[1])

Mit der fortschreitenden Entwicklung der landesherrlichen Staatsgewalt zum absoluten Staat ging auf der anderen Seite die gänzliche Beseitigung der älteren Landgemeinde vor sich. Die genossenschaftlichen Gemeindevorstände wurden entweder durch obrigkeitliche Beamte verdrängt, oder ihre Stellung sank zu einer ganz untergeordneten herab; sie erhielten ihre Ernennung und Bestätigung vom Landesherrn, waren der Obrigkeit verantwortlich, zur Rechenschaft verpflichtet und hatten nach den ihnen erteilten Instruktionen

---

[1]) Gierke, Genossenschaftsrecht I, S. 658; Gierke, Privatrecht I, S. 590; Maurer, Dorfverfassung II, § 232.

zu handeln. Nach einer Verordnung des Herzogtums Berg nahm dort im 18. Jahrhundert der Landesherr das Recht für sich in Anspruch, den Dorfvorsteher abzusetzen. Ebenso war bei Strafe der Kassation die Wahl eines Mannes zum Dorfvorsteher verboten, der mit seinem Vorgänger bis zum dritten Grade verwandt war. Somit bestand das Gemeindeamt lediglich in der Ausübung obrigkeitlicher Vorschriften.[1]) Desgleichen verloren die Dorfgerichte ihren alten Charakter dadurch vollständig, dass an ihnen landesherrliche Untergerichte sich entwickelten, in welchen gelehrte Richter Recht sprachen, und die Bussen und Gefälle in die landesherrliche Kasse flossen. Ein Erlass für das Herzogtum Berg vom Jahre 1793 verbot dem Nachbarding die Verhängung von Nachbarstrafen, wodurch dessen Bedeutung sehr herabgemindert wurde. Nur in geringfügigen Angelegenheiten gestattete man ihm noch Selbständigkeit. Auch das Selbstbesteuerungsrecht wurde aufgehoben, die Verwaltung des Gemeindevermögens der landesherrlichen Kontrolle und Mitwirkung unterstellt, unter obrigkeitlicher Anordnung ein Gemeindehaushalt gebildet, die Einnahmen lediglich für öffentliche Zwecke verwendet, und ihre Verwendung stand unter Kontrolle der Obrigkeit. Die Regierung erliess sogar einseitig für die Gemeinden Verordnungen. Im Laufe dieser Entwicklung

---

[1]) Scotti II, Nr. 2337; Schütze, S. 57; Gierke, Genossenschaftsrecht I, S. 66.

sank die alte Dorfgenossenschaft (Realgemeinde), soweit sie überhaupt noch bestand. immer mehr zu einem privatrechtlichen Verein herab. Da nun der Staat auch die Vernichtung des persönlichen Gemeindeverbandes anstrebte, bestand für sie keine Möglichkeit mehr, ein selbständiges, genossenschaftliches Leben in öffentlich-rechtlicher Beziehung fortzusetzen. Je mehr die engere Gemeinde auf das Gebiet des privatrechtlichen Vereines zurückgedrängt worden war, hatte sich die weitere Gemeinde zu einer rein politischen Ortsgemeinde fortentwickelt.[1]) Die in der zweiten Hälfte des 18. Jahrhunderts einsetzende Gesetzgebung über Zusammenlegung der Grundstücke und Ablösung von Eigentum, über die persönliche Freiheit und das Grundeigentum der Landbevölkerung führte schliesslich zur politischen Gemeinde. Aus ihr entstand eine vom Staate geschaffene und belebte Korporation. deren sämtliche öffentliche Angelegenheiten als lokale Staatsangelegenheiten betrachtet wurden. Diese neue Gemeinde bildete also einen staatlichen Verwaltungsbezirk.[2]) Ihren äusseren Abschluss fand diese Entwicklungsperiode in der infolge der franzö-

---

[1]) Scotti II, Nr. 2237; Schütze S. 57, 89 f.; Gierke, Genoffenfchaftsrecht I, S. 669, 678, 680, 590; Maurer, Dorfverfaffung II, S. 249; Gierke, Genoffenfchaftsrecht I, S. 693.

[2]) Gierke, Privatrecht I, S. 595—598; Gierke, Genoffenfchaftsrecht I, S. 670, 685, 695; Hatscheck S. 70; Bornhak, Verwaltungsrecht III, S. 39; Maurer, Dorfverfaffung II, § 245; Holtzendorff, Rechtslexikon (E. Meier) S. 44 f.

sischen Revolution entstandenen Gesetzgebung. Diese kannte ausser dem allgemeinen Staatsbürgerrecht kein besonderes Gemeindebürgerrecht. Die Ortsgemeinde beruhte ausschliesslich auf politischer Grundlage. Das noch vorhandene Gemeindevermögen behandelte man nach öffentlich-rechtlichen Gesichtspunkten. Man teilte es entweder auf oder duldete auch ausnahmsweise die Reste der alten Wirtschaftsgemeinden als Privatkorporation.

1. Hauptabschnitt.
Die französische Verwaltungsgesetzgebung.

1. Abschnitt.
Während der Dauer der französischen Herrschaft.

§ 2.
a) Die zweite französische Gemeindeverfassung.

Die rheinischen Gemeinden waren, je nachdem die auf Zerstörung der alten Wirtschaftsgemeinde gerichteten Kräfte auf sie einwirkten, staatliche Bezirke geworden. Diese noch nicht ganz abgeschlossene Entwicklung unterbrach die französische Revolution. Sie hatte zunächst als äusseres Ergebnis die Veränderung der politischen Weltkarte, von der besonders die Rheinprovinz betroffen wurde. An Frankreich fielen das Herzogtum Jülich, soweit es auf dem linken Rheinufer lag, die linksrheinischen Teile von Preussen, Kurköln, Kurmainz, Kurtrier, pfälzische und nassauische Teile, die dazwischen liegenden

Herrschaften anderer weltlicher und geistlicher Fürsten und Herren, ferner die freien Reichsstädte Aachen und Köln. Sogleich wurden diese Gebiete nach französischem Muster organisiert und im Jahre 1798 in vier Departements — Roer, Rhein und Mosel, Saar, Donnersberg — eingeteilt. In den westlichen Teilen der heutigen Regierungsbezirke Trier und Aachen, die bereits 1794 von den Franzosen besetzt und im folgenden Jahre in die Departements Ourthe und Niedermaas einverleibt worden waren, gelangte die sogenannte zweite französische Gemeindeverfassung vom 21. fruct. des Jahres III (7. September 1795) zur Einführung.[1]) Trotz ihrer nur fünfjährigen Geltungsdauer hat sie einen gewissen Einfluss auf den Zustand des rheinischen Gemeindewesens ausgeübt. Sie war ein Gegenstück zu der nach den Prinzipien der Volkssouveränität erlassenen Gemeindeordnung des Jahres 1789. Nach jener ersten Gemeindeverfassung der Revolutionszeit wurde die Gemeinde von einem unmittelbar vom Volke gewählten Conseil général und einer Munzipalität verwaltet. Beide Organe schalteten und walteten nach eigenmächtigem Gutdünken, da jede gesetzliche Kontrolle über ihre Tätigkeit fehlte. Bald erkannte man, dass dies System zur Auflösung jeder staatlichen Ord-

---

[1]) Bergius, S. 478 ff.; Schmidt, Gemeindeverfaſſung S. 110 ff.; Bornhak, Verwaltungsrecht III S. 37 ff.; Maſſen-Merklinghaus S. 3, Ulmenstein, S. 32 ff., Schöen S. 32 ff., - Daniels II, S. 173.

nung führen musste und beeilte sich, die aufs äusserte gefährdete Gemeindeverwaltung durch eine straffe und die Freiheiten der Gemeinden höchst einschränkende Neuregelung in geordnete Bahnen zu leiten. Unter diesem Gesichtspunkte wurde zunächst die zweite Gemeindeordnung erlassen.[1])

Wie bei allen Gesetzen der Revolutionszeit lag auch der Verfassung vom 21. fruct. an III der Gedanke zu Grunde, dass alle Staatsbürger unter gänzlicher Beseitigung der örtlichen Verschiedenheiten und persönlichen Bevorzugungen eine gleichartige Masse bilden sollten. Demnach war für die alte Realgemeinde oder eine Gemeinde mit öffentlichrechtlicher Persönlichkeit kein Raum mehr, sondern nur für eine politische Gemeinde, die lediglich einen Staatsverwaltungsbezirk darstellte. Aus gleichem Grunde konnte es ausser dem allgemeinen Staatsbürgerrecht kein besonderes Gemeindebürgerrecht und so auch keinen Unterschied zwischen Vollbürgern und Schutzgenossen mehr geben. Es sollte nun in allen Departements eine Zentralverwaltung eingerichtet werden. Jede Gemeinde unter 5000 Einwohner erhielt einen Agenten und einen Adjunkten; beide wurden vom Staate ernannt. Die Agenten handhabten die Lokalpolizei und führten die Zivilstandsregister, waren im übrigen aber nur Beauftragte der Kantonsversammlung. Sie wurden im Behinderungsfalle von den Adjunkten vertreten.

---
[1]) Bornhak, Verwaltungsrecht III, S. 36; Ulmenstein S. 31.

An der Spitze von Gemeinden mit 5000 bis 100 000 Einwohnern standen besondere Munizipalverwaltungen, deren Mitgliederzahl nach Massgabe der Bevölkerung bestimmt wurde. Gemeinden von mehr als 100 000 Einwohnern erhielten mehrere Munizipalverwalungen und ein Zentralbureau.

Die Versammlung der Munizipalagenten der Gemeinden eines Kantons (Bezirks), die weniger als 5000 Einwohner hatten, bildete die Kantonsmunizipalität unter einem gewählten Präsidenten. Dieser Versammlung stand sowohl die Staatsverwaltung wie auch die Verwaltung der Gemeindeangelegenheiten in ihrem Bezirk zu.

Folgende Geschäfte lagen der Munizipalgewalt ob: die Verwaltung der Gemeindegüter, Erledigung der Ausgaben, die von Gemeindegeldern bestritten werden mussten, Ausführung der öffentlichen Arbeiten, Verwaltung und Erhaltung der Gemeindeinstitute, Sorge für die öffentliche Sicherheit, Unterhaltung der Strassen. Alle Beschlüsse wurden in der Versammlung mit Stimmenmehrheit gefasst und von den Anwesenden unterschrieben. Die Munizipalitäten durften nur für ihr Gebiet Anordnungen treffen und keine Bestimmungen ausführen, die sich darüber hinaus erstreckten. Verboten war der Munizipalverwaltung, sich in gerichtliche Angelegenheiten einzumischen.

Niemand durfte mehrere Gemeindeämter innehaben. Die Munizipalitäten durften keine Verordnungen erlassen und nur unter Vorbehalt der Abänderung durch den Präfekten Beschlüsse fassen, zudem war ihnen zur Ueberwachung über die Vollziehung der Gesetze noch ein commissionaire du gouvernement beigegeben. Das Recht, Prozesse zu führen, welche die Gemeinde betrafen, war den Adjunkten übertragen, jedoch nur, wenn sie von der Regierung nach eingeholtem Gutachten der Munizipalverwaltung dazu ermächtigt wurden.

Die Kantonsmunizipalität und die Munizipalverwaltungen waren unbedingt der Departementsverwaltung (Praefect) unterworfen, sowie diese ihrerseits dem Ministerium. Die vorgesetzte Behörde konnte jeden Beschluss der untergeordneten Instanz aufheben, ihre Mitglieder absetzen und neue ernennen.

Ein augenscheinlicher Nachteil dieser Verfassung liegt in der starken Vermischung von Staats- und Gemeindeverwaltung. In den kollegialen Beratungen der Munizipal- und Departementskollegien entschied man sowohl über lokale Gemeinde- und Departementsangelegenheiten als auch über eigentliche Staatsverwaltungsangelegenheiten. Ausserdem wurde die Munizipalverwaltung der damals seltenen grösseren Städte von den übrigen Kommunen, besonders denen des platten Landes, streng geschieden. Es fehlte demnach dieser Organisation zunächst an der nötigen Einheit, sodann konnte man von Bewegungsfreiheit der Gemeinden kaum noch reden, da die Zentralbehörde beliebig in die Verwaltung einzugreifen vermochte. Dazu kam, dass das Gesetz nicht gewissenhaft gehandhabt wurde. So erhielt z. B. nicht jede Gemeinde einen besonderen Agenten. Besonders in den rheinischen Departements setzte man sich über diese Bestimmung hinweg. Was durch ungesetzliche Handhabung der Praxis schon zur Tatsache geworden war — nämlich die gänzliche Umwandlung der Gemeinden in staatliche Verwaltungsbezirke — stempeln die späteren Gesetze zum Recht. In der Folge fiel daher in dem Etatsgesetz vom 11. frim. an VII (1. Dezember 1798) die Unterscheidung zwischen Gemeinde- und allgemeinen Staatsausgaben gänzlich fort und man fasste beide unter dem gemeinsamen Namen dépenses de la république zusammen. Diese Nachteile bedingten eine Reform, welche die dritte französische Gemeindeverfassung brachte.

§ 3.
b) Die dritte französische Gemeindeverfassung.

Die dritte französische Gemeindeverfassung wurde in dem ganzen Gebiete der rheinischen Departements, freilich mit gewissen Abänderungen, durch das Gesetz vom 28. pluviose an VIII (17. Februar 1800) eingeführt.[1]) Die Kantonal- und Munizipalverwaltungen und die kollegialen Munizipalitäten der Städte wurden aufgehoben. In jeder Stadt,

---

[1]) Daniels, IV, S. 124 f.; Bergius, S. 489 ff.; Bornhak, Verwaltungsrecht III, S. 37 ff.; Schoen, S. 33; Schmidt, Gemeindeverfassung, S. 11; Ulmenstein, S. 36 ff.; E. v. Meier, Einflüsse I, S. 153 f.

jedem Flecken oder Dorf sollte ein Maire die Verwaltung führen, dem ein oder mehrere Beigeordnete als ihm unterstellte Beamte zugeteilt waren. Sie vertraten den Vorgesetzten bei Abwesenheit, Krankheit oder sonstiger Behinderung und wurden nach seinem Gutdünken um Rat gefragt. Auch konnte ihnen der Maire einen Teil seiner Amtsbefugnisse übertragen.

Dieser Beamte führte die gesamte Verwaltung freilich als ein vom Präfekten gänzlich abhängiges Organ. Ausser den früheren Verpflichtungen der Munizipalagenten und Adjunkten hatte der Maire die Polizei zu beaufsichtigten und die Zivilstandsregister zu führen. Durch einen Konsularbeschluss vom 2. pluviose an IX. (22. Jan. 1801)[1]) wurde die Kompetenz des Maire erweitert und genauer bestimmt. Hiernach war er vermöge seines Amtes Mitglied und Vorsitzender des Gemeinderates und konnte sich bei Behinderung durch seine Beigeordneten vertreten lassen. Abgesehen hiervon durften die Beigeordneten den Versammlungen des Gemeinderates nicht beiwohnen. Bei der Vorlegung der Verwaltungsrechnungen im Gemeinderat musste der Maire den Vorsitz desselben niederlegen, den dann ein schon vorher durch geheime Wahl mit Stimmenmehrheit gewähltes Mitglied des Gemeinderates übernahm. Gehalt bezog er nicht, sondern nur Entschädigung für Verwaltungskosten, die den Betrag von 50 Cts.

---
[1]) Daniels IV, S. 210; Bornhak, Verwaltungsrecht III, S. 38; Ulmenstein, S. 40.

auf den Kopf der Bevölkerung nicht übersteigen durften.

Jede Gemeinde erhielt neben dem Maire einen nach dem Verhältnis der Bevölkerung aus zehn bis dreissig Mitgliedern bestehenden Gemeinderat (Conseil municipal). Dieser war jedoch nur berechtigt, sich einmal im Jahre auf vierzehn Tage zu versammeln, um vom Gemeindehaushalt Kenntnis zu nehmen und darüber zu beraten. Ferner konnte er über die Bedürfnisse der Gemeinde über Anleihen, Prozesse, Oktroiabgaben, Verwaltung des Gemeindevermögens und neue Anlagen seine Vorschläge machen.

Die Ernennung des Maire, Beigeordneten und der Mitglieder des Gemeinderates in Städten von über 5000 Einwohnern gehörte zur Zuständigkeit des Gouvernements (Zentralverwaltung.[1]) In Gemeinden, die diese Bevölkerungszahl nicht erreichten, ernannte der Präfekt die Gemeindebeamten und Gemeinderatsmitglieder.

Die Kasse wurde in der Regel von dem staatlichen Steuererheber mitverwaltet, jedoch stand es dem Munizipalrat einer Gemeinde, deren regelmässige Einnahmen 20 000 Frs. überstiegen, frei, für das Amt eines besonderen Gemeinde-Empfängers den obersten Staatsbehörden drei Kandidaten zu präsentieren. Die vom Maire vorgelegte, vom Munizipalrat begutachtete Gemeinderechnung wurde vom Präfekten, bei einer Einnahme

---

[1] E. v. Meier, Einflüsse I, S. 181.

von 20 000 Frs. vom obersten Rechnungshofe, genehmigt. Die festgestellten Etats gelangten vielfach erst am Ende des Verwaltungsjahres an die Gemeinden zurück.

Die unmittelbare Aufsicht über die Gemeinden, sowie die Ueberwachung der Befehle der Verwaltungsbehörden in den Bezirken oder Arrondissements lag dem Unterpräfekten ob, dessen Stellung an die des preussischen Landrats erinnert. Der Bezirksrat (conseil d'arrondissement) verteilte die direkten Steuern unter die Städte, Flecken und Dörfer, nahm die Rechnung des Unterpräfekten ab und machte Vorschläge für die Bedürfnisse und in sonstigen Angelegenheiten des Bezirks.

Die ganze exekutive Macht lag in der Hand des Präfekten, der als völliger unabhängiger Herr seines Departements allein für dasselbe verantwortlich war. In dem Bezirk seines Wohnsitzes versah er regelmässig zugleich die Stelle eines Unterpräfekten. Im übrigen waren jene seine Organe, deren er sich nur bediente, soweit er nicht selbst tätig sein wollte oder konnte, und in deren Geschäftskreis er nach Belieben eingreifen durfte. Er führte den Vorsitz in dem aus drei bis fünf Mitgliedern bestehenden Präfekturate, einer Art Gerichtshof für Verwaltungsstreitigkeiten. In jedem Departement bestand ferner noch ein Departementsrat (conseil général), der die Verteilung der direkten Steuern unter die einzelnen Bezirke anordnete, die sämtlichen Departementsausgaben bestimmte, die Rechnung des Präfekten abnahm und dem Ministerium Vorschläge über Zustände und Bedürfnisse des Departements unterbreitete.[1])

In dem Gesetz vom 16. Thermidor an X. (4. August 1802) wurden für die Bildung von Wahlkollegien, die Ernennung der Gemeindebeamten einige weiteren Bestimmungen erlassen. In den Städten mit über 5000 Einwohnern war es jetzt gestattet, den Kantonalversammlungen aus den 100 Höchstbesteuerten zwei Mitglieder für jede Stelle des Gemeinderates vorzuschlagen, von denen die Regierung eines ernennen musste. In Gemeinden von unter 5000 Einwohnern erfolgte die Ernennung nach wie vor ohne Präsentation durch den Präfekten. Ferner sollten die Gemeinderäte alle zehn Jahre zur Hälfte erneuert werden. Die Maires wurden für einen Zeitraum von fünf Jahren ernannt, nach deren Ablauf sie jedoch wieder ernannt werden konnten. Bei ihrer Ernennung in Städten von über 5000 Einwohner war der erste Konsul, der jetzt diese Befugnis an Stelle des Gouvernements ausübte, an die Mitglieder des Gemeinderates gebunden. Hierdurch erzielte man eine engere Verbindung zwischen diesen staatlichen Ausführungsorganen und Gemeinderat.

Dem Maire war demnach die innere Verwaltung der Gemeinde verblieben, er hatte neben der Wahrnehmung der Gemeindeange-

---
[1]) Ulmenstein, S. 41; Bornhak, Verwaltungsrecht, III, S. 31 f.

legenheiten die Verwaltung des Gemeindevermögens, die Aufsicht über öffentliche Anlagen. Weiter versah er gewisse Funktionen der allgemeinen Staatsverwaltung. So betätigte er sich - bei Verteilung der direkten Steuern, beaufsichtigte die Errichtung öffentlicher Bauten und versah auch rein kirchliche Angelegenheiten. Bei der Polizeigerichtsbarkeit war ihm Mitwirkung eingeräumt, und an allen Orten, wo es keinen besonderen Polizeikommissär gab, lag die ganze Polizeigewalt in seiner Hand. Nach alledem war eben für die Tätigkeit des Gemeinderates wenig Raum, zumal konnte er wegen seiner kurzen einmaligen jährlichen Tagung kaum Einfluss auf den Gang der Gemeindeverwaltung ausüben. Seine Beschlüsse wurden seitens der Behörde nur als Gutachten angesehen. Wie über solche Beschlüsse hinweggegangen wurde, geht aus einer Instruktion des Präfekten der Seine-Departements hervor, die besagt, dass die Maires jeden Beschluss des Munizipalrates nur als Ausdruck des Wunsches anzusehen hätten, den sie nicht eher ausführen dürften, als bis er vom Präfekten genehmigt sei.

Obwohl nach den Wortlaut dieser Verfassung den Gemeinden grössere Selbständigkeit in der Verwaltung hätte zustehen müssen, so erhielten sie doch in Wirklichkeit nicht mehr Rechte, als sie durch die zweite Verfassung bereits gehabt hatten, zumal spätere Gesetze noch weitere Einschränkungen brachten. Durch das Gesetz vom 19. vent. an X (28.

März 1802) unterstellte man auch die Gemeindeforsten der staatlichen Verwaltung und nahm dadurch den Gemeinden die Verfügung ihrer Wälder.

Um das Schuldenwesen der ziemlich belasteten Gemeinden zu ordnen, wurde ein Dekret erlassen, das einen Teil dieser Schulden, die ja Staatsschulden geworden waren, niederschlug und Liquidation der Rückstände anordnete.[1]) Um zu verhindern, dass die Gemeinden doch ihre Verbindlichkeiten erfüllen könnten, erschien ein weiteres Dekret, nach welchem die Gemeindeschulden in Renten verwandelt, aber die Verwendung der Einkünfte zur Bezahlung der Gläubiger der Regierung vorbehalten wurde.[2]) In kurzer Zeit reichten die Steuerzuschläge der Departements für die ihnen zugewiesenen Bedürfnisse nicht mehr aus. Um diesem Uebel abzuhelfen, bestimmte ein neues Dekret, dass zur Deckung des Fehlbetrages 5% aller Gemeindeeinnahmen, ohne Rücksicht auf die Ausgaben der Gemeinde, vom Staate erhoben werden sollten.[3]) Da eine Gemeinde trotz erheblicher Einnahmen bei grossen Ausgaben finanziell bedeutend schlechter gestellt sein konnte als eine andere mit weniger Einnahmen, war, von allem anderen abgesehen, schon die Verteilung dieser

---

[1]) Decret impérial du 9. vent. an XII (1. Oktober 1804) in Bull. v. XII p 11 f.; Ulmenstein, S. 52.

[2]) Decret impérial du 21 soût 1810 in Bull, p. 181 ff.: Ulmenstein, S. 52.

[3]) Decret impérial du 21. séptembre 1812 in Bull. p. 223 ff.

Ausgaben eine höchst ungerechte.[1]) Noch grössere Härten brachte das Gesetz vom 20. März 1813, demzufolge alle Gemeindegüter an die Staatsschuldentilgungskasse zu Eigentum abgetreten werden mussten.[2]) Nach Massgabe ihres Reinertrages wurde den Gemeinden auf das grosse Schuldbuch eingeschriebene Renten versprochen.

Das Gemeindevermögen, das im Laufe einer Reihe von Jahrhunderten für die Bedürfnisse Jahrhunderte hindurch ausgereicht hatte, wurde den Berechtigten einfach entzogen, und man gab ihnen dafür wertlose Schuldverschreibungen des Staates. Ausserdem setzte man sich über die gesetzlichen Vorschriften hinweg. Besonders in den rheinischen Departements wurden praktisch willkürliche Abänderungen vorgenommen. Schon unter der früheren Gemeindeverfassung hatte nicht jede Gemeinde einen Munizipalagenten erhalten. Bei Einführung der dritten Gemeindeverfassung vereinigten die Präfekten teils aus Bequemlichkeit, teils auch weil geeignete Leute fehlten, mehrere Gemeinden unter der Verwaltung eines Maire. Die so zusammengeschlagenen Gemeinden erhielten ihren gemeinschaftlichen Munizipalrat, um auch äusserlich als ein Verwaltungsbezirk zu erscheinen. Diese so entstandenen Verwaltungskörper wurden von dem Gouvernement durch das Arrêté vom 11. mess. an X

---

[1]) Streckfuss, S. 11 ff.
[2]) Loi concernement les finances du 20, mars 1813 in Bull. p. 493; E. v. Meier, Einflüsse I, S. 195.

(30. Mai 1802) ausdrücklich bestätigt.[3]) Ausserdem bildeten sich im Einzelnen Unterschiede heraus. So hatten die Mairien im Roer-Departement sehr geringen Umfang, während sie im Rhein- und Mosel-Departement bedeutend grösser waren. Ferner wurden die gesamten Einkünfte und Lasten der Gemeinden einer Mairie im Roer-Departement häufig zusammengeworfen und auf einen gemeinschaftlichen Etat gebracht, so dass hier aus der Mairie die eigentliche politische Gemeinde entstand, während in den übrigen Departements die einzelnen Gemeinden ihre Persönlichkeit behielten und jede in dem gemeinschaftlichen Munizipalrat eine besondere Vertretung besass. Diese verschiedenartige Behandlung der Verwaltung findet ihren Hauptgrund wohl darin, dass im Roer-Departement zerstreut liegende Einzelhöfe vorherrschend waren, deren gesonderte Feldmark sich nicht nach den Gemeindegrenzen richtete, während in den übrigen Departements die geschlossenen Ortschaften in der Mehrzahl waren.[2])

Diese über ein Jahrzehnt dauernde Fremdherrschaft legte nicht nur jede Verwaltungstätigkeit der Gemeinden brach, sondern brachte diese selbst dem Ruin nahe. Doch in einer Beziehung war sie für die heutige Rheinprovinz von Vorteil. Die früheren rheinischen Territorien hatten sich in ihrer Verwaltung und Verfassung so wesentlich voneinander

---

[1]) Daniels IV, S. 402; Buhl, S. 58; E. v. Meier, Einflüsse I, S. 222.
[2]) Buhl, S. 60.

unterschieden, dass es fast so viele Verwaltungsformen wie Kleinstaaten gegeben hatte. Dieser Unterschied wurde rücksichtslos beseitigt und damit der Grundstein zu unserer heutigen einheitlichen Gemeindeverwaltung gelegt.

§ 4.

c) Die bergische Gemeindeordnung.

In dem rechtsrheinischen Teile der Rheinprovinz wurde im Jahre 1808 für das Herzogtum Berg und die dazu geschlagenen Landesteile — rechtsrheinischer Teil von Jülich, Köln und Kleve —, in denen für die Gemeindeverwaltung die herzoglich-bergischen Gesetze galten, eine Verwaltungsordnung erlassen.[1]) Sie zeigte in manchen Punkten grosse Aehnlichkeit mit der auf dem linken Ufer bestehenden Gemeindeordnung und lehnte sich eng an die für das Königreich Westfalen erlassene vom 15. November 1807 und 11. Januar 1808 an.[2]) Nach ihr erhielt jede Gemeinde einen Bürgermeister und einen Beigeordneten, sowie eine Repräsentation in dem Gemeinderate. In grösseren Städten wurden entsprechend der Bevölkerungszahl mehrere Beigeordnete und ein oder mehrere Polizeikommissare, jedoch nicht mehr als vier Beigeordnete und drei Polizeikommissare eingesetzt. Sämtliche Gemeindebeamten ernannte die Regierung.

---

[1]) Daniels VII, S. 41; Bergius, S. 491; Bornhak, Verwaltungsrecht II, S. 40; Scotti III, S. 1180, Nr. 3045.
[2]) Bornhak, Verwaltungsrecht III, S. 39.

Die Verwaltung lag wesentlich in der Hand des Bürgermeisters unter Aufsicht des Landrates und der Regierung. Der Bürgermeister hatte die Verwaltung der Gemeindegüter und Einkünfte der Städte und Dörfer, er regelte die Ausgaben der Gemeinde, nachdem sie von der vorgesetzten Behörde bewilligt waren, er liess die der Gemeinde auferlegten öffentlichen Arbeiten ausführen, wie sie vom Gemeinderate vorgeschlagen und von der vorgesetzten Behörde genehmigt waren; er hatte ferner die Aufsicht über die der Gemeinde gehörigen Anstalten und die Polizei. Von Amts wegen war er Mitglied des Gemeinderates und führte darin den Vorsitz. Im Falle seiner Behinderung wurde er von dem ersten Beigeordneten vertreten.

Der Gemeinderat zählte nach Massgabe der Bevölkerung acht bis zwanzig Mitglieder, welche die Regierung ebenfalls ernannte und die nach Ablauf von zwei Jahren zur Hälfte ausschieden. Der Gemeinderat tagte jährlich im November, konnte aber durch den Präfekten auch zu ausserordentlichen Sitzungen berufen werden. Zu seiner Zuständigkeit gehörte die Prüfung der vom Bürgermeister vorgelegten Rechnung über Gemeindeeinnahmen und Gemeindeausgaben, wobei den Vorsitz ein durch geheime Abstimmung gewähltes Mitglied führte. Der Gemeinderat traf Anordnungen über die Art und Weise der Verteilung von gemeinschaftlichen Geldern und Einkünften, hielt Beratungen über die Bedürfnisse der Gemeinde und Verteilung der Lasten ab, gab seine Zustimmung zu Anleihen und Gemeindeabgaben und nahm die Ausführung und Verteilung der den Einwohnern obliegenden Arbeiten in die Hand. Zur Beratung über Erwerbung und Veräusserung von Immobilien, über Verwendung von Kaufsummen oder beigetriebener Gelder über Anstrengung oder Fortführung von Prozessen konnte er auf Anordnung des Landrates ausserordentlich berufen werden.

§ 5.

d) Vergleich des französischen Verwaltungssystems mit dem des preussischen Allgemeinen Landrechts.

Dass die französische Revolution in Wirklichkeit nicht das brachte, was ihre Prinzipien versprochen hatten, mussten nicht in letzter Linie die Gemeinden zu ihrem grossen Nachteil erfahren. Um das Prinzip der gesetzgebenden Faktoren, nach welchem alle Staatsbürger eine gleichartige Volksmenge bilden sollten, streng zur Durchführung zu bringen, hielt man sich für berechtigt, den Gemeinden durch straffe Verordnungen nicht nur jede Selbstbetätigung in der Verwaltung zu nehmen, sondern sie auch in gänzliche Abhängigkeit zu bringen. Zu diesem Zwecke liess man die Gemeinden nur insoweit als Träger der Verwaltung gelten, als sie überhaupt noch nach den beiden Gemeindeordnungen als selbständige Gebilde in Betracht kommen konnten. Hierbei lag vornehmlich die Erwägung zugrunde, dass es den einzelnen Gemeinden bei weitem schwieriger sein würde, der Zentralverwaltung Widerstand entgegenzusetzen, als etwaige höhere Verwaltungsverbände.[1]

So stand der Präfekt, dem das Gesetz völlig freien Spielraum gelassen hatte, als unumschränkter Gewalthaber über den Gemeinden, die er durch von ihm abhängige Unterpräfekten und Maires verwalten liess. Wie er auf der einen Seite der einzige Beamte war, der für das Departement der Regierung gegenüber die Verantwortung trug, so besass er dafür auf der anderen Seite einen entsprechenden Umfang von Verwaltungsbefugnissen. Er hatte ohne jede Einschränkung das Recht, auf die Verwaltung nicht nur einzuwirken, sondern auch in die Verwaltungsgeschäfte einzugreifen und nicht genehme Anordnungen seiner untergeordneten Organe aufzuheben, während die Gemeinden ihrerseits nicht in der Lage waren, gegen derartige Massregeln Rechtsmittel einzulegen. Auch bedarf es keiner besonderen Erwähnung mehr, dass die Maires, die den Gemeinden gegenüber äusserst selbständig auftraten, die Verwaltung im Sinne des Präfekten führten und auch führen mussten, da letzterer sie in ihr Amt einsetzte, zur Verantwortung ziehen und sie absetzen konnte, ohne dass auch hier eine Einwirkung von anderer Seite möglich gewesen wäre. Den Gemeinden gab man eine Repräsentation, um die Härte dieser

---

[1]) Mayer, S. 59, 471; Streckfuss, S. 8 f.

Organisation nicht so stark in die Erscheinung treten zu lassen. Anfänglich hatte man ihnen Wahl und Präsentation ihrer Vertreter zugestanden. Auch diese Form wurde beseitigt und an ihre Stelle trat Ernennung und Absetzung durch den Präfekten. Sie hatte die Vorlagen der Regierung bedingungslos anzunehmen, — manchmal sogar ohne Recht der Debatte — anderseits sah der Präfekt die Beschlüsse der Vertretung selbst in nebensächlichen Angelegenheiten nur als Vorschläge an, denen er keineswegs Beachtung zu schenken brauchte. Bei einer rechtmässigen Anwendung der harten Bestimmungen wäre die Lage der Gemeinden immerhin noch eine erträgliche gewesen. Die Beamten setzten sich aber aus Willkür über die Gesetze hinweg und schalteten nach Belieben; auch liessen sich nicht alle Vorschriften in der verlangten Form durchführen, so dass die Beamten gezwungen wurden, das Gesetz zu umgehen. Besonders bei den Etatsrechnungen wurden Nebenrechnungen geführt, die der Unübersichtlichkeit und Unredlichkeit Vorschub leisten.[1]) Infolge des sehr schleppenden Geschäftsganges der Regierung bei Etatsfestsetzungen gab es im Königreich Westfalen Gemeinden, die während der ganzen Zeit des Bestehens des Königreichs nach keinem von der Regierung genehmigten Haushalt ihre Auslagen bestritten.[2]) Den Gemeinden wurde nicht nur jede Bestimmung über ihr Ver-

---

[1]) Streckfuss, S. 9.
[2]) Streckfuss, S. 10.

mögen genommen, sondern man entzog ihnen ihr Eigentum gänzlich. Die gesamten Gemeindeeinkünfte wurden zur Deckung der Staatsausgaben verwandt. Diese Art der Verwaltung musste in absehbarer Zeit den vollständigen Niedergang der Gemeinden nach sich ziehen. Dass die Folgen einer solchen Gesetzgebung doch nicht eingetreten sind, ist einzig und allein dem Umstande zuzuschreiben, dass die französische Regierung nur noch kurze Zeit bestand. Sehr begreiflich ist es, wenn die Bewohner der französisch organisierten Territorien, so auch im Rheinland, sich nicht mit einem solchen Verwaltungssystem befreunden konnten, vielmehr der französischen Obrigkeit jeden möglichen Widerstand entgegensetzten, wodurch sich allerdings ihre Lage keineswegs besserte.[1]) Der Erfolg dieses Verwaltungssystems in politischer Beziehung war daher derartig, dass man das innere Zugehörigkeitsgefühl zum deutschen Stammlande nicht verlor, sondern auch hier die Beseitigung der Fremdherrschaft mit Jubel begrüsste.[2])

In ganz anderem Lichte erscheint demgegenüber die Verfassung der unter preussischem Rechte stehenden Landgemeinden, die sich von jeglichem revolutionären Einfluss frei gehalten hatten. Hier regelte das allgemeine Preussische Landrecht die Verwaltung der Landgemeinden, freilich in nicht erschöp-

---

[1]) Hashagen, S. 216, 223, 227, 379, 517, 519.
[2]) Treitschke II, S. 268 ff.

fender Weise.[1]) Es hielt noch streng an der Realgemeinde und ihrer genossenschaftlichen Verwaltung fest, wobei der „Dorfgemeine" als der Gesamtheit der in einem Dorfe oder dessen Feldmark belegenen bäuerlichen Grundstücke ausdrücklich die Rechte einer öffentlichen Korporation beigelegt waren (II. Teil Tit. 7 §§ 18, 13).

An der Spitze der Gemeinde stand der Schulze, der aus den angesessenen Mitgliedern der Genossen genommen werden musste, sofern das Amt nicht an einem bestimmten ländlichen Grundstücke haftete (Setze- oder Lehnschulze). In freien Gemeinden fand Wahl statt, die der Bestätigung des Grundherrn unterlag, in den abhängigen Ernennung seitens des Grundherrn.

Der Schulze hatte eine Doppelstellung inne. Einmal war er Organ der obrigkeitlichen Gewalt, andererseits Leiter der Gemeindeverwaltung. In dieser letzteren Eigenschaft berief er die Versammlung, deren Verhandlungen er leitete. Neben der Verwaltung des Vermögens hatte er die Sorge für die Einziehung und Ablieferung der öffentlichen Abgaben und eine Reihe von polizeilichen Funktionen. In Gemeindesachen gebührte ihm Entscheidung allein, bei Verwaltung des Gemeindevermögens jedoch nur dann, wenn nicht die Zuziehung von Schöppen ausdrück-

---

[1]) Grotefend, Preussisches Landrecht, II. Teil, Titel 7, §§ 18—86; E. v. Meier Reform, S. 120 ff.; Schoen, S. 50; Kinne, S. 88 ff.; Holtzendorff, Encyclopaedie (E. Meier) II, S. 661.

lich vorgeschrieben war. Mit den Schöppen als Beisitzern bildete er das Dorfgericht (§§ 73—78). Im übrigen wurden ihm die Schöppen zur Unterstützung, Vertretung und auch zur Kontrolle seitens der Gutsherrschaft beigegeben.

Vergleicht man die Funktionen und die Stellung des Schulzen und Maire miteinander, so gelangt man zu dem Ergebnis, dass der Schulze vornehmlich als Organ der Genossen den ihm gesetzlich überwiesenen Wirkungskreis in selbständiger Weise versah, während der Maire als abhängiger Beamter in einer politischen Gemeinde nach den Weisungen seiner vorgesetzten Staatsbehörde die Verwaltung führte.

Der wirtschaftlichen Gemeinde entsprach es durchaus, dass das Allgemeine Landrecht nur eine Versammlung der Genossen, aber keine Gemeindevertretung kannte. Ihre Berufung erfolgte, so oft der Schulze es für erforderlich hielt. Hier besassen also die Landgemeinden das der französischen Gemeinde gänzlich fehlende Selbstversammlungsrecht. Die Zuständigkeit der Versammlung begriff alle wirtschaftlichen Interessen der Genossen in sich; sie ging somit bedeutend weiter als die der französischen Vertretung.

Wie sehr der wirtschaftliche Charakter der Gemeinde unter Ausschaltung jedes politischen Elementes im Allgemeinen Landrecht durchgeführt ist, ergibt sich besonders daraus, dass die Genossenversammlung nichts zum Nachteil der Rechte der übrigen Dorfeinwohner, Häuslinge, Einlieger, Tagelöhner beschliessen durfte, und dass bei Rechten und Leistungen, soweit sie sich auf verschiedene Klassen von Gemeindemitgliedern bezogen, trotz vorhandener Stimmenmehrheit nichts zum Nachteil der anderen Klasse festgesetzt werden konnte, ferner dass bei Geschäften, die nur eine einzelne Klasse betrafen, auch nur die Mitglieder dieser Klasse stimmberechtigt waren (§§ 21, 23—27). Nur soweit die Einzelnen am Gemeindevermögen Anteil hatten, waren sie auch zur Tragung der Lasten verpflichtet. Die Verwaltung des Gemeindevermögens lag ganz in der Hand der Gemeinden, wohingegen die Munizipalverfassung auch hier die Gemeindeorgane ganz ausschaltete.

Bei Verfügungen über das Gemeindevermögen, den Erwerb von Grundeigentum, über Eingehung von Schulden, Veräusserungen von Gerechtsamen waren die Gemeinden nach dem preussischen Landrecht insofern beschränkt, als zu derartigen Rechtsakten die Genehmigung der Aufsichtsbehörde erforderlich war. Die Aufsicht wurde jedoch nicht von staatlichen Beamten oder den Regierungen ausgeübt, sondern von den den Gemeinden übergeordneten Grundherren (§§ 33—36).

Wenn das Allgemeine Landrecht in enger Anlehnung an die früheren Provinzialordnungen und lokalen Statuten auch keine Fortbildung des Gemeinderechts enthielt, so lag seine Bedeutung einmal in der für den ganzen Staat nach allgemeinen Grundsätzen erfolgten

Regelung der Landgemeindeverfassung, dann aber enthielt es auch die letzte gesetzliche Regelung der wirtschaftlichen Gemeinde, deren Entwickelung mit ihm ihren Abschluss fand. Ist das Allgemeine Landrecht somit von dem Vorwurf der Rückständigkeit nicht ganz frei zu sprechen, so konnten doch die Bewohner des platten Landes mit dieser Regelung ihrer Verhältnisse zufrieden sein, da ihnen ein ganz anderer Umfang von Verwaltungsbefugnissen zustand, als den Gemeinden mit Munizipalverfassung, denen man über die Massen von Gleichheit und Volksfreiheit gepredigt, ihnen aber alle Rechte genommen hatte, so dass ihnen nur eine Fülle von Pflichten verblieben war.

Die Stellung der einzelnen Klassen von Gemeindeangehörigen, die nicht zu den Vollgenossen zählten, hatte im preussischen Landrecht insofern ausreichende Berücksichtigung gefunden, als sie ihre persönlichen Angelegenheiten selbst ordnen durften, ohne dass Ueberstimmung durch die anderen Klassen möglich gewesen wäre. Demnach waren bereits hier die ehemaligen Unterschiede der verschiedenen Klassen von Gemeindeangehörigen stark verwischt, und so war, abgesehen von dem erheblich weitergehenden Umfang von Befugnissen, der Kreis derjenigen, die an der Verwaltung teilnahmen, ein weit grösserer.

2. Abschnitt.
Nach Aufhebung der französischen Herrschaft.

a) Massnahmen der preussischen Regierung.

§ 6.

Ausser den oben besprochenen Verfassungen waren noch viele einzelne Erlasse und Regierungsverordnungen in den Rheinlanden in Geltung, als diese wieder an Preussen fielen. Nach der Schlacht bei Leipzig lösten sich die französisch-bergischen Oberbehörden auf.[1]) Im November 1813 kam das Herzogtum Berg in Besitz der Verbündeten. Im März 1814 erfolgte dann die Besetzung des linken Rheinufers. Im Jahre 1815 wurden die eroberten Teile mit Preussen vereinigt, und es erging die Verordnung wegen verbesserter Einrichtungen der Provinzialbehörden,[2]) der zufolge eine Provinz Niederrhein mit dem Hauptsitz in Cöln, und den Regierungen in Cleve und Düsseldorf, und eine Provinz Oberrhein mit dem Hauptsitz in Coblenz, das Moselland umfassend, gebildet wurde. Im Jahre 1818 richtete man die Regierungen zu Trier und Aachen ein, die Regierung zu Cleve wurde im Jahre 1822 wegen geringen Umfanges aufgehoben und der

---
[1]) Maassen-Merklinghaus, S. 3—4.
[2]) GS., S. 85.

Bezirk mit Düsseldorf vereinigt. Im gleichen Jahre warf man das Oberpräsidium in Cöln mit dem von Coblenz zusammen, und von da ab wurde das vereinigte Gebiet Rheinprovinz genannt. Nach der Besitznahme liess die preussische Regierung es zunächst bei dem Bestehenden bewenden. Im Jahre 1816 entstanden die preussischen Verwaltungsbehörden, und an die Stelle der Maires traten die Bürgermeister und Oberbürgermeister.[1]) Gleichzeitig wurde ein Gesetz erlassen, das den Gemeinden die ihnen unter französischer Gesetzgebung (1813) genommene Verwaltung über ihre Waldungen bis auf wenige Einschränkungen wiedergab.

§ 7.

Schon im Jahre 1817 forderte der damalige Minister von Schuckmann die sechs in den Rheinlanden gebildeten Regierungen auf, sich gutachtlich zu äussern, ob die bestehende Gemeindeverfassung beizubehalten oder inwieweit Abänderungen vorzunehmen seien.[2]) Die einzelnen Regierungen arbeiteten demgemäss ihre Gutachten aus, die sachlich in den Hauptpunkten übereinstimmten. Ihre Ansicht ging im wesentlichen dahin, dass die Bürgermeistereiverwaltung ein fühlbarer Nachteil für die Gemeinden sei. Sie hätten an ihrer Selbständigkeit bedeutend eingebüsst, sie könnten auch unmöglich derartig individuell be-

---
[1]) So der von Düsseldorf und Aachen; Bornhak, Verwaltungsrecht III, S. 40.
[2]) Haxthausen, S. 143 ff.

handelt werden, wie es ihrer Eigenart zukomme; denn der Bürgermeister sei zu weit entfernt, um immer rechtzeitig bei der Hand zu sein, auch beschäftige er sich vornehmlich mit der Verwaltung des Ortes, an dem er seinen Wohnsitz habe. Jedoch seien die Vorzüge der Bürgermeistereiverwaltung nicht zu verkennen. Wenn mehrere Gemeinden zu einem Verbande vereinigt seien, so könnten sie bedeutend leichter die Verwaltungskosten, Armen- und Schullasten ertragen, als jede Gemeinde für sich allein. Beim Fehlen der Bürgermeistereiverwaltung würden nicht genügend Gemeindevorsteher zu finden sein; denn diese dürften dann ihr Amt nicht als Nebenbeschäftigung betreiben, wenn man nicht Gefahr laufen wolle, dass die Verwaltung vernachlässigt werde. Ausserdem sei von ihnen eine gewisse Gesetzeskenntnis zu verlangen. Dann aber müsste man diese Beamten entsprechend besolden, was eine derartige Verteuerung der Verwaltungskosten verursachen werde, dass viele Gemeinden diese nicht würden erschwingen können. Andererseits verliere der Landrat die Uebersicht über seinen Bezirk, wenn er mit jeder Gemeinde direkt verhandeln müsse. Wenn man zur Vermeidung dieses Uebelstandes den Umfang der Kreise entsprechend verringere, entstehe dem Staate eine bedeutende Mehrausgabe an Verwaltungskosten. Die Bürgermeisterei sei daher die geeignete Mittelinstanz zwischen Landrat und Gemeinde und vereinfache die Erledigung der Verwaltungsgeschäfte bedeutend. Eine Trennung von Stadt und Land durch besondere Gemeindeverfassungen halte man im Interesse der durch die französische Gesetzgebung erreichten Einheitlichkeit der Verwaltung für unvorteilhaft. Auch verfehle nach ihrer Meinung je eine besondere Verfassung ihren Zweck, da die Unterschiede zwischen Stadt und Land längst vergessen seien. Die Bürgermeistereiverwaltung sei trotz ihrer Nachteile beizubehalten, und zwar sollte an der Spitze jeder Bürgermeisterei ein einzelner Beamter stehen, der von der Regierung ernannt werde, da er als Inhaber der Polizei und hinsichtlich der Führung der Zivilstandsregister Staatsbeamter sei.

An die Spitze der Gemeinde solle ein Vorsteher treten, der als Organ des Bürgermeisters gewisse örtliche Funktionen ausüben könne. Die Gemeindevertretung sei jedoch von den Gemeindemitgliedern zu wählen; denn der bestehende Zustand habe sich als unpraktisch erwiesen. Da nach der augenblicklichen Verfassung in Orten von über 5000 Einwohnern der Gemeinderat aus den 100 Höchstbesteuerten ernannt werde, sei der Kreis der in Betracht kommenden Kandidaten schon an und für sich ein sehr kleiner, ausserdem gehörten die Mitglieder des Gemeinderates vornehmlich dem Stande der Grosskaufleute und Fabrikanten an, die vielfach mit ihren Ansichten wenig oder gar nicht mit der Gemeinde übereinstimmten.

Die Gutachten der Regierungen gelangten schliesslich zu dem Ergebnis, dass die bestehenden Verhältnisse ohne wesentliche Aenderungen beizubehalten seien und eine völlige Neuordnung des Verwaltungswesens erst nach Erlass einer allgemeinen Staatsverfassung als angebracht erachtet werde.

b) Die Vorarbeiten zu einer vollständigen Verwaltungsorganisation.

§ 8.

aa) Die Beratungen der ersten sechs Provinziallandtage.

Im Anschluss an die Gutachten der Regierungen fanden häufige Beratungen statt, deren Ergebnisse einer im Jahre 1823 beim Oberpräsidium in Coblenz zusammenberufenen Kommission zur Begutachtung übergeben wurden.[1]) Aus diesen Beratungen ging der sehr umfangreiche Entwurf einer Gemeindeordnung hervor. Dieser Entwurf wurde der Staatsregierung überreicht und sollte ihr als Grundlage für die Weiterberatungen dienen. Im Jahre 1826 legte man dem ersten Provinziallandtage mehrere Grundfragen zur Erwägung vor,[2]) nämlich, ob die Grundsätze der preussischen Städteordnung unter Berücksichtigung der besonderen Verhältnisse der Provinz bei Regulierung des Kommunalwesens in Anwendung gebracht werden könnten, und ob in diesem Falle nach den vom Staatsministerium gemachten und den Ständen unterbreiteten Vorschlägen zu verfahren sei.

---
[1]) Buhl, S. 63.
[2]) Verh. des I. Prov. Landtg., S. 8.

Ferner sollte er sich darüber äussern, ob die unter dem Namen Bürgermeistereien bestehenden Samtgemeinden nach den Bedürfnissen und Wünschen der Eingesessenen auch ferner bestehen, oder ob sie getrennt und die einzelnen Gemeinden für sich verwaltet werden sollten, und welche besondere Vorschriften für die Rheinprovinz im einen oder anderen Falle von Wichtigkeit wären.

In seinen letzten Sitzungen wurde von dem Landtage ein Entwurf, der eine Städte- und Landgemeindeordnung enthielt, nach oberflächlicher Beratung, in der sich die Abgeordneten keineswegs über den Inhalt ihrer Beschlüsse klar geworden waren, angenommen.[1]
Der Landtagsabschied vom 13. Juli 1827 verhiess die Ausarbeitung einer Städteordnung und einer Gemeindeordnung für das platte Land unter Berücksichtigung der Wünsche und Erklärungen des Provinziallandtages und stellte ihre baldige Vorlage in Aussicht.[2] Bei Bekanntwerden dieser Tatsache erhob sich jedoch eine so starke, einmütige Opposition gegen die beabsichtigte Trennung zwischen Stadt und Land, dass die Regierung diese Frage auf dem zweiten und dritten Provinziallandtage nicht mehr berührte.[3]

Im Jahre 1831 wurde die Städteordnung von 1808 revidiert. Die daraufhin zusammenberufenen städtischen Abgeordneten des rheinischen Provinziallandtages, die sich über die

---

[1] Buhl. S. 63 f.
[2] Verh. des I. Prov. Landtg., S. 42.
[3] Buhl, S. 64.

Annahme der älteren oder der revidierten Städteordnung erklären sollten, lehnten beide Ordnungen mit der Begründung ab, dass keine zu den seit drei Jahrzehnten in der Rheinprovinz bestehenden Sitten und Rechtsverhältnissen passe.[1]) Die schon vorhandene Selbständigkeit der Städte in der Rheinprovinz bleibe nicht hinter der Städteordnung zurück; man verlange ausser kleinen Verbesserungen nur die Wahl der Gemeinderäte, und hierzu bedürfe es nicht einer Städteordnung. Es wurde ein Ausschuss bestellt, der die hauptsächlichsten Einwendungen gegen die Städteordnung zusammenstellen und ein Statut ausarbeiten sollte, das als Anhang zu einer Städteordnung dienen sollte. Diesen Entwurf legte der Ausschuss in einer der späteren Sitzungen vor, er wurde durchberaten, genehmigt und dabei der Wunsch ausgesprochen, die Königliche Regierung möchte ihn in ein Provinzialstatut aufnehmen.

Da die Einführung der revidierten Städteordnung an dem Widerstande der Städte gescheitert war, blieb der Regierung nur übrig, eine Trennung von Stadt und Land dadurch zu erreichen, dass für die Landgemeinden ein besonderer Entwurf ausgearbeitet werde. Dieser Versuch wurde auf dem vierten Landtage (1833/34) gemacht. Diesem Landtage ging der Entwurf einer Ordnung für die ländlichen Gemeinden der westlichen Provinzen zu, und man forderte ein Gutachten über die Einfüh-

---

1) Buhl, S. 65, 69.

rung der revidierten Städteordnung von ihnen ab.[1]) Das Ergebnis seiner eingehenden Beratungen arbeitete der Landtag in mehreren Denkschriften aus und empfahl der Regierung ihre Berücksichtigung. Wiederum erklärte er sich gegen die vorgeschlagene Trennung von Stadt und Land durch besondere Gemeindeordnungen, wie sie der Regierungsentwurf enthielt, da schon seit langer Zeit nur eine Gemeindeordnung für die Provinz bestehe, und die bisherige Gesetzgebung jeden Unterschied zwischen Stadt und Land habe verschwinden lassen. Der jetzige Zustand habe seit langer Zeit segensreich bestanden, er erhalte das allgemeine Staatsbürgertum und vervollkommne es unter grösserer Selbständigkeit der Gemeinden.[2])

Der Landtagsabschied vom 3. März 1835 verhiess gründliche Erwägung der Wünsche des Landtages und sagte ihre baldige Erledigung zu.[3]) Die vom Landtage überreichten Denkschriften wurden von der Staatsregierung den berufenen Behörden zu erneuter Prüfung vorgelegt.

Während dessen tagte im Jahre 1841 der sechste Landtag. Dieser wiederholte seine Bitte um Erlass einer neuen Gemeindeordnung. In der ihm überreichten Uebersicht über die Lage der schwebenden Angelegenheiten war betont, dass die Beratungen über die zu erlassende Gemeindeordnung abge-

---
[1]) Verh. d. 4. Prov. Landtg., S. 20 ff,; Buhl, S. 69.
[2]) Verh. d. 4. Prov. Landtg., S. 21 ff.
[3]) Verh. d. 4. Prov. Landtg., S. 56, Nr. 9.

schlossen seien und die Publikation derselben baldigst erfolgen werde.[1]) Nichtsdestoweniger überreichte der sechste Landtag eine Petition, in der die Erwartung ausgesprochen wurde, es werde den Gemeinden das Recht zugesichert werden, ihre Gemeindevertreter und Beamten selbst zu wählen, sowie ihren Gemeindehaushalt mit grösserer Freiheit und Selbständigkeit zu ordnen. Das Bedürfnis nach einer neuen Gemeindeordnung mache sich mit jedem Tage fühlbarer, und es sei der baldige Erlass einer solchen geboten.[2]) Der Landtagsabschied vom Jahre 1841 entgegnete darauf, dass „die Redaktion der über die Gemeindeverfassung der Städte und Landgemeinden in der Rheinprovinz zu erlassenden Bestimmungen ihrer Beendigung nahe und baldige Publikation zu erwarten sei."[3])

In veränderter Form wurde dann im Jahre 1842 der von der Regierung dem vierten Landtage vorgelegte Entwurf einer Landgemeindeordnung dem in Berlin versammelten Ausschuss des rheinischen Provinziallandtages zur letzten Durchberatung unterbreitet. Dieser Ausschuss trat dem Entwurf nicht bei, überreichte vielmehr der Regierung in einer Denkschrift seine eigenen Ansichten und Wünsche und bat, dem nächsten Provinziallandtage eine erneute Umarbeitung vorzulegen.[4]) Der Ausschuss wollte ebensowenig

---

[1]) Verh. d. 6. Prov, Landtg., S. 16.
[2]) Verh. d. 6. Prov. Landtg., S. 163.
[3]) Verb. d. 6. Prov. Landtg., S. 212.
[4]) Verh. d. 6. Prov. Landtg., S. 283.

von seiner Ansicht abgehen, wie die Regierung, die auf die Wünsche des Landtages fast gar keine Rücksicht genommen hatte. Die Regierung beabsichtigte nämlich, ein gemeinsames Gesetz zu erlassen, in diesem aber Städte und Landgemeinden in besonderen Abschnitten, also doch getrennt zu behandeln. Von anderen Unterschieden abgesehen, sollte in den Städten das Bürgerrecht von einem bestimmten Steuersatz, in den Landgemeinden dagegen von der Grösse des Grundbesitzes abhängig sein.[1])

§ 9.

bb) Der dem siebenten Provinziallandtag vorgelegte Entwurf einer Gemeindeordnung.

Nach nochmaliger Prüfung seitens der Regierung ging ein neuer Entwurf nebst Motiven dem im Jahre 1843 tagenden siebenten rheinischen Landtage zu, der sich den Wünschen der Provinz etwas mehr anpasste.[2]) Diese Umarbeitung enthielt keine ausdrückliche Trennung von Stadt und Land, erlaubte aber den Städten auf ihren Antrag hin die Annahme der revidierten Städteordnung. Die unter der französischen Gesetzgebung entstandenen Gemeindeverbände wurden beibehalten. Falls jedoch noch erhebliche Sonderinteressen für gewisse Gemeinden beständen, sollten sie als selbständige Gemeinden wiederhergestellt werden können. Zur Berück-

---
[1]) Verh. d. 6. Prov. Landtg., S. 283; Buhl, S. 70 f.
[2]) Verh. d. 7. Prov. Landtg,, S. 3; Buhl, S. 71 f.

sichtigung eigentümlicher Verhältnisse durften besondere Statuten oder Dorfordnungen erlassen werden. Das Gemeinderecht war in den Landgemeinden einzig und allein an ein Mindestmass von Grundbesitz geknüpft. Zur Wahrnehmung der Gemeindeinteressen sollte jede Gemeinde, mit Ausnahme der ganz kleinen, einen Gemeinderat erhalten. Seine Zusammensetzung bestimmte sich nach dem sogenannten Dreiklassenwahlrecht, das in späteren Gemeindeordnungen weiter Verbreitung fand und in der Gegenwart den meisten Kommunalverfassungen, wenn auch mit manchen Abweichungen, zu Grunde liegt.[1]) Für die Wahl sollten hiernach die Gemeindeberechtigten oder Meistbeerbten nach der Höhe des Steuerbetrages in drei gleiche Klassen eingeteilt und von jeder Klasse eine gleiche Anzahl von Gemeindevertretern gewählt werden. Ausserdem sollten diejenigen Grundbesitzer Mitglieder des Gemeinderates sein, die einen Hauptgrundsteuerbetrag von mindestens 50 Talern jährlich entrichteten. Aus Vertretern der Gemeinderäte der einzelnen Gemeinden setzte sich der Bürgermeistereirat zusammen. Diesen beiden Vertretungen wurde eine bescheidene Teilnahme an der Vermögensverwaltung der Gemeinden und Bürgermeistereien eingeräumt, während die Ernennung der Gemeindebeamten, insbesondere Gemeindevorsteher und Bürgermeister, der Regierung vorbehalten blieb. Desgleichen übte diese ein sehr weit gehendes Aufsichtsrecht aus, indem

---

[1]) Holtzendorff, Encyklopädie II, S. 675.

sie in allen wichtigen Fragen die Entscheidung in der Hand hatte. Von unwesentlichen Verbesserungen abgesehen, bedeutete diese Umarbeitung keinen besonderen Fortschritt für die Unabhängigkeit der Gemeinden, blieb sie doch in wesentlichen Punkten zurück hinter dem dem vierten Provinziallandtage vorgelegten Entwurf, der unter anderem den Gemeinden die Wahl ihrer Beamten zugestanden hatte.

Der Landtag lehnte auch diese Umarbeitung ab. Er arbeitete selbst einen neuen Entwurf aus,[1]) versah ihn mit Motiven,[2]) und liess ihn der Zentralregierung zugehen.

Dieser vom Landtag ausgearbeitete Entwurf wich bedeutend von dem der Regierung ab. Nur solche Einheiten wollte der Landtag als Gemeinden bestehen lassen, deren materielle Elemente für die Erreichung der Gemeindezwecke eine bestimmte Gewähr boten. Demgemäss war er für gänzliche Beibehaltung der bestehenden Gemeindeverbände und suchte ihre Zerlegung in Einzelgemeinden möglichst zu erschweren.[3]) Jede Unterscheidung zwischen Stadt und Land hielt er für falsch, da eine einheitliche Kommunalverfassung in der Rheinprovinz ein historisches Moment sei, zumal es auch seit Einführung der Gewerbefreiheit und Freizügigkeit keinen wesentlichen Unterschied mehr zwischen Stadt und Land gebe. Durch die Verbesserung der

---

[1]) Verh. d. 7. Prov. Landtg., S. 284—300; Buhl, S. 72 f.
[2]) Verh. d. 7. Prov. Landtg., S. 301—308.
[3]) Verh. d. 7. Prov. Landtg., S. 285, §§ 9, 10, S. 301.

Volkserziehung sei auf dem Lande die Bildung sehr gestiegen, so dass den Gemeindemitgliedern nicht mehr die Fähigkeit abgesprochen werden könne, ihre Angelegenheiten selbständig zu verwalten. Selbst wenn sich ausnahmsweise eine geringe Fähigkeit für öffentliche Geschäfte vorfinden sollte, sei dies nicht so gefährlich, da die Verwaltung in den Landgemeinden bei weitem einfacher zu handhaben sei als in den Städten.[1]) Den grösseren Grundbesitzern die sogenannte geborene Mitgliedschaft zum Gemeinde- und Bürgermeistereirat einzuräumen, halte er schon wegen der darin begründeten Ausnahme im Interesse der Einheitlichkeit für verwerflich. Sodann werde durch eine solche rechtliche Bevorzugung das an sich schon höhere Ansehen der grösseren Grundbesitzer in ein erdrückendes Uebergewicht ausarten, und es könnten leicht dadurch Spaltungen im Gemeinderat entstehen, die dem Gemeindewohl nachteilig sein müssten.[2])

Entschieden betonte der Landtag weiterhin die Unabhängigkeit der Gemeinden, mit der es seit der Fremdherrschaft traurig bestellt war und die er für die erste Vorbedingung einer nützlichen Neuordnung hielt. Die künftige Gemeindeordnung müsse vor allem der Gemeinde das Recht einräumen, sich ihre Beamten frei zu wählen, wie es auch schon der von der Regierung dem vierten Landtage vorgelegte Entwurf vorgesehen habe. Eine der-

---
[1]) Verh. d. 7. Prov. Landtg., S. 302.
[2]) Verh. d. 6. Prov. Landtg., S. 303 f.

artige Selbständigkeit würde die Gemeinden, statt sie dem Staate zu entfremden, noch inniger mit diesem verbinden. Ausserdem gestatteten doch beide Städteordnungen den Gemeinden die Wahl ihres massgebenden Beamten. Selbst der von der Regierung dem vierten Landtage vorgelegte Entwurf habe den Gemeinden das Vorschlagsrecht dreier Kandidaten eingeräumt.[1])

Kurz, der rheinische Landtag war auf keine Weise zu bewegen, in die Trennung einer Städte- und Landgemeindeordnung einzuwilligen oder überhaupt den Regierungsentwurf anzunehmen, da er wohl erkannte, dass bei Annahme einer für die Landgemeinden besonderen Verfassung diese Gemeinden keine ihrer Entwicklung entsprechende Verwaltung erhalten würden.

Der Landtagsabschied vom 30. Dezember 1843 sagte Berücksichtigung des Gutachtens des Landtags bei der bereits eingeleiteten Schlussberatung über eine Gemeindeordnung zu.[2]) Endlich am 23. Juli 1845 wurde die Landgemeindeordnung für die Rheinprovinz in der Gesetzessammlung veröffentlicht, nachdem mehr als zwanzig Jahre über die Durchberatung des Gesetzes dahingegangen waren.

---

[1]) Verh. d. 6. Prov. Landtg., S. 307.
[2]) Verh. d. 6. Prov. Landtg., S. 585.

2. Hauptabschnitt.
Die Selbstverwaltung der Gemeinden unter preussischer Gesetzgebung.

1. Abschnitt.
Die Gemeindeordnung von 1845.

§ 10.

a) Wesentlicher Inhalt des Gesetzes.
Durch die schroffe Ablehnung einer besonderen Gemeindeordnung für Städte und Landgemeinden hatte der Landtag eine Stadt und Land umfassende Gemeindeordnung erreicht,[1]) die nur ausnahmsweise eine Trennung der Städte von den Landgemeinden durch Annahme der revidierten Städteordnung vom 17. März 1831 gestattete. Im übrigen nahm die neue Gemeindeordnung wenig Rück-

---

[1]) G. S., S. 523; Weiske, S. 38—69; Schmidt, Gemeindeverfassung, S. 3—41; Bornhak, Verwaltungsrecht S. 46—50; Neukamp, S. 6—12; Harnisch, S. 3—100; Dasbach, S 3—238, Schmitz, Bürgermeistereiverfassung S. 26, 89—92, 145, 159; Strutz, Kommunalverbände S. 185—193; Brauchitsch, S. 1—72.

sicht auf die wiederholt ausgesprochenen Wünsche des Provinziallandtages; sie stellte sich vielmehr als eine Umarbeitung des dem siebenten Landtag vorgelegten Regierungsentwurfs dar. Im wesentlichen blieb die vorhandene Einteilung und Umgrenzung der Gemeinden und Gemeindeverbände bestehen. Alle Orte mit einem eigenen Haushalt bildeten eine Gemeinde unter einem Gemeindevorsteher (§ 1 GO.). Mehrere Gemeinden waren unter einem Bürgermeister zu einer Bürgermeisterei vereinigt. Sie stellte für die Angelegenheiten, welche für die vereinigten Gemeinden ein gemeinschaftliches Interesse hatten, einen Kommunalverband mit den Rechten einer Gemeinde dar (§§ 7, 9 GO.). Jedoch war den Ortschaften, die früher besondere Gemeinden gebildet hatten, jetzt aber mit anderen zu einem Haushalt verbunden waren, die Möglichkeit gegeben, bei Vorhandensein erheblicher Sonderinteressen ihre frühere Selbständigkeit wiederzuerlangen (§ 2 GO.). Wenn die örtlichen Verhältnisse es geboten, konnten besondere Statuten und Dorfordnungen erlassen werden (§ 11 GO.). Abgesehen von diesen Bestimmungen, welche die Einheit der Gemeindeordnung mit der Zeit sehr in Frage stellten, fanden sich noch weitere Ausnahmen zugunsten einiger bevorrechtigter Klassen. So schieden die Standesherren nicht nur für sich und ihre Familien, sondern auch bezüglich ihres Grundbesitzes aus dem Gemeindeverbande aus. Ferner waren sie von der ordentlichen Grundsteuer befreit und hatten für ihre Besitzungen die gleichen Rechte wie die in der Provinz gelegenen königlichen Domänen.[1])

Zur Gemeinde gehörten alle Einwohner des Gemeindebezirks mit allen innerhalb seiner Grenzen gelegenen Grundstücken (§ 3 GO.). Mitglieder der Gemeinde waren einmal alle selbständigen Einwohner, die auswärtigen Hausbesitzer und diejenigen, die das Gemeinderecht besonders erlangt hatten (§ 12 GO.). Die Gemeindemitgliedschaft berechtigte jedoch keineswegs zur Teilnahme an der Verwaltung der Gemeindeangelegenheiten, vielmehr waren zur Beteiligung an den Wahlen und den öffentlichen Geschäften der Gemeinde nur die Meistbeerbten und diejenigen berufen, denen das Gemeinderecht besonders verliehen war (§ 16 GO.). Alle übrigen Gemeindemitglieder, sowie die auswärts wohnenden Grundeigentümer (Forensen) schieden aus.

Zu den Meistbeerbten gehörten:
I. in den auf dem Provinziallandtage im Stande der Städte vertretenen Gemeinden
1. in den mahl- und schlachtsteuerpflichtigen Gemeinden die Personen, die ein reines Einkommen von mindestens 200 Talern bezogen,
2. in den klassensteuerpflichtigen Gemeinden die Einwohner, die
   a) entweder von ihrem im Gemeindebezirk gelegenen Grundbesitz einen Hauptgrundsteuerbetrag von mindestens 2 Talern entrichteten, oder

---
[1]) Buhl, S. 78.

b) einen Klassensteuerbetrag von mindestens 4 Talern zahlten;

II. in allen Gemeinden die Gemeindemitglieder, die mit einem Wohnhause angesessen waren und von ihrem dortigen Grundbesitz einen Haupt- und Grundsteuerbetrag von mindestens 2 Talern entrichteten (§ 33 GO.).

Forensen, die mit einem Wohnhause im Gemeindebezirk angesessen waren, konnte bei Vorliegen der persönlichen Erfordernisse das Gemeinderecht verliehen werden (§ 36 GO.).[1]

Demnach war das Gemeinderecht von einem Zensus abhängig, der sich nur nach Grund- und Klassensteuer bestimmte, also den Steuern, die vom festen Vermögen erhoben wurden.[2] Steuern, die den Erwerb belasteten, wie die Gewerbesteuer, blieben gänzlich unberücksichtigt. Der Kreis der Meistbeerbten war somit, zumal auf dem Lande, sehr eng gezogen.

Das Gemeinderecht ging verloren, wenn eine der erforderlichen Vorbedingungen wegfiel (§ 37 GO.). Verurteilung zum Verlust der bürgerlichen Ehrenrechte hatte dauernden Ausschluss zur Folge (§ 38 GO.). Durch Beschluss des Gemeinderates konnte es entzogen werden bei Verurteilung zur Kriminalstrafe, oder wenn ein Mitglied durch seine Lebensweise sich die öffentliche Verachtung zugezogen hatte (§ 39 GO.). Ferner ruhte das Gemeinderecht bei Konkurs, Zahlungsunfähig-

---

[1] Buhl, S. 79.
[2] Buhl, S. 80.

keit und Kriminaluntersuchung, solange ein derartiger Zustand andauerte (§ 40 GO.).

In den Gemeinden bis zu 18 zur Ausübung des Gemeinderechts berechtigten Mitgliedern bildeten sämtliche Meistbeerbten die Gemeindeversammlung, während in allen übrigen ein Gemeinderat die öffentlichen Interessen wahrnahm (§ 45 GO.). Unter den Meistbeerbten wurden bei den letztgenannten Gemeinden wieder mehrere Klassen unterschieden, deren Einfluss auf die Gemeindeangelegenheiten sich wesentlich nach der jeweiligen Höhe ihrer Steuern bestimmte. Ohne weiteres gehörten zum Gemeinderate die meistbegüterten Grundeigentümer, die von ihrem im Gemeindebezirk gelegenen Grundbesitz mindestens 50 Taler Hauptgrundsteuer entrichteten und mit einem Wohnhause in der Gemeinde angesessen waren (§ 46 GO.). Ausserdem gehörten zum Gemeinderat gewählte Verordnete, deren Zahl zwischen 6 und 30 Mitgliedern, je nach Verhältnis der Bevölkerung, schwankte. Für je z w e i Gemeindeverordnete wurde e i n Stellvertreter gewählt, der bei Abgang oder Behinderung eines Verordneten einzutreten hatte. Die Reihenfolge der Stellvertreter richtete sich innerhalb der einzelnen Klassen nach der bei der Wahl erhaltenen Stimmenzahl (§ 48 GO.). Alle drei Jahre schied die Hälfte der auf sechs Jahre gewählten Verordneten aus, wobei jedoch Wiederwahl der Ausgeschiedenen gestattet war (§ 49 GO.). Die Wahlen erfolgten nach dem Dreiklassenwahlrecht. Die Meistbeerbten wurden nach den von ihnen zu entrichtenen Steuern in drei Klassen eingeteilt, dergestalt, dass auf jede Klasse ein Drittel der Gesamtsteuersumme sämtlicher Meistbeerbten fiel (§ 50 GO.). Jeder Klasse stand das Recht zu, ein Drittel der Verordneten zu wählen, ohne jedoch an die Mitglieder ihrer Klasse gebunden zu sein. Die Zahl der Wähler der einzelnen Klassen musste der Zahl der zu wählenden Verordneten gleich sein, also mindestens drei Wähler betragen (§ 51 GO.). Die Hälfte der Gemeindeverordneten sollte aus Grundbesitzern bestehen; wurde diese Zahl nicht erreicht, so traten diejenigen Nichtangesessenen, welche die wenigsten Stimmen erhalten hatten, zurück und wurden zu Stellvertretern bestimmt. Bei Nichtvorhandensein der erforderlichen Zahl von Grundbesitzern konnten Ausnahmen stattfinden (§ 52 GO.). Im allgemeinen kannte man ausser einer Vertretung auf dem Provinziallandtage keinen bevorrechtigten Grundbesitz. Durch seine Bevorzugung in der Gemeindeordnung gegenüber dem beweglichen Kapital erhielt er weitere Vorrechte und kam so der Stellung des Grundbesitzes in den östlichen Provinzen einen weiteren Schritt näher.[1]) Mit diesen Bestimmungen konnte man sich jedoch im Rheinland nicht befreunden, wo das bewegliche Vermögen schon grosse Bedeutung erlangt hatte.

Der Gemeinderat war berechtigt und verpflichtet, die Gemeinde in Gemeindeangelegen-

---

[1]) Buhl, S. 86.

heiten zu vertreten. Ueber andere Angelegenheiten zu beraten war ihm nur dann gestattet, wenn ihm solche durch besondere Gesetze überwiesen waren (§ 61 GO.). Er trat nur auf Berufung des Bürgermeisters zusammen, die schriftlich unter Angabe der Beratungsgegenstände und, ausser in dringenden Fällen, drei Tage vorher erfolgen musste. Nach Festsetzung von ein für allemal bestimmten Sitzungstagen genügte es, die Mitglieder mit der jeweiligen Tagesordnung bekannt zu machen.

Auf Antrag des vierten Teiles der Mitglieder, oder, wenn ihre Zahl unter zwölf blieb, auf Antrag von mindestens drei Mitgliedern war der Bürgermeister zur Einberufung des Gemeinderates verpflichtet. Jedes Mitglied konnte Anträge und Vorschläge zur Beratung stellen, die jedoch auf Antrag nur eines Mitgliedes bis zur nächsten Sitzung vertagt werden mussten, wenn sie nicht rechtzeitig mitgeteilt worden waren (§ 62 GO.). Beschlüsse kamen nur mit absoluter Stimmenmehrheit zustande. War der Gemeinderat auch bei einer zweiten Beratung ebenfalls nicht beschlussfähig, so ging die Erledigung dieser Angelegenheit an den Landrat über (§ 62 GO.). Jedes Mitglied konnte verlangen, dass seine abweichende Ansicht in das Protokoll aufgenommen wurde (§ 64 GO.). Gemeindeverordnete, die bei gewissen Angelegenheiten persönlich interessiert waren, durften an der Beratung über einen derartigen Gegenstand nicht teilnehmen. Entstand aus diesem

Grunde Beschlussunfähigkeit, so hatte die Regierung das Gemeindeinteresse wahrzunehmen (§ 65 GO.). Dreimaliges, unentschuldigtes Versäumen der Sitzungen hintereinander oder Nichtbeachtung der Sitzungsvorschriften konnte Ausschluss aus dem Gemeinderate zur Folge haben (§ 70 GO.).

Der Gemeinderat hatte über alle Ausgaben und Dienste der Gemeinde zu beschliessen, und sein Beschluss war bei den Ausgaben, die nur das besondere Gemeindeinteresse betrafen, entscheidend. Handelte es sich dagegen bei den Ausgaben um Erfüllung von Pflichten gegen Dritte (Staat, Anstalten oder Privatpersonen), so war der Beschluss des Gemeinderates als blosses Gutachten anzusehen und die Gemeinde nur zu leisten verpflichtet, was nach den Feststellungen der Staatsbehörde bei derartigen Angelegenheiten erforderlich erschien (§ 86 GO.). Ferner musste der Gemeinderat über Art und Weise der Ausführung von Gemeindeanlagen und Anstalten, sowie über die Verwaltung des Gemeindevermögens zuvor gehört werden, jedoch war auch hierbei sein Beschluss einem Gutachten gleichzustellen; nur dann, wenn es sich um das besondere Gemeindeinteresse, namentlich um Vermögensverwaltung handelte, war sein Entschluss entscheidend (§ 88 GO.). Ueber die Deckung der Ausgaben, sowie über die Art der Verteilung der Dienste hatte der Gemeinderat ebenfalls zu beschliessen (§ 87 GO.). Freiwillige Veräusserung von Grundstücken konnte auf Antrag des Gemeinderates, aber nur mit Genehmigung der Regierung erfolgen, die auch jeden Beschluss, der das Gemeindevermögen berührte oder die Anstellung von Prozessen betraf, zu genehmigen hatte (§§ 95 bis 97 GO.).

Der Gemeindevorsteher wurde auf Vorschlag des Bürgermeisters vom Landrat für die Dauer von sechs Jahren ernannt. Vorbedingungen zum Vorsteheramt waren: Wohnsitz in der Gemeinde, die nötige Fähigkeit zu den Geschäften und christliches Bekenntnis. Für Behinderungsfälle wurde ein Stellvertreter (Beistand) unter gleichen Voraussetzungen ernannt (§ 72 GO.). Das Amt war ein Ehrenamt, doch wurde eine mässige Dienstunkostenentschädigung gewährt (§ 75 GO.). Unter Aufsicht und Anweisung des Bürgermeisters handhabte der Vorsteher die Ortspolizei in der Gemeinde. Als sein Organ versah er die Verwaltung der Angelegenheiten, die die Gemeinde betrafen (§§ 76—85 GO.).

Auf die Bürgermeistereiversammlung, welche die Bürgermeisterei in ihren Kommunalangelegenheiten vertrat, fanden die Vorschriften betreffs der Rechte und Verhältnisse des Gemeinderates und betreffs der Geschäftsverhältnisse zwischen Bürgermeister und Gemeinderat entsprechende Anwendung (§§ 109. 111 GO.). Der Bürgermeistereirat setzte sich zusammen: einmal aus den Gemeindevorstehern sämtlicher Gemeinden der Bürgermeisterei, dann aus den geborenen Mitgliedern des Gemeinderates, ferner aus den von den einzelnen Gemeinden aus der Reihe der Gemeindeverordneten gewählten Vertretern. Die Anzahl der einzelnen Vertreter bestimmte sich nach der Bevölkerungszahl mit der Massgabe, dass die Mitgliederzahl der Bürgermeistereiversammlung mindestens 12 betragen musste (§ 110 GO.).

Der Bürgermeister vereinigte in seiner Person die wesentlichen Befugnisse in allen Gemeinde- und Bürgermeistereiangelegenheiten, die er in einer von den Vertretungen höchst unabhängigen Weise verrichtete. Er wurde in den Landbürgermeistereien auf Vorschlag des Landrats von der Regierung ernannt. Es sollte hierbei auf angesehene Grundbesitzer in dem Bürgermeistereibezirke, sowie auf Personen, die das Vertrauen der Eingessenen vorzugsweise genossen, in erster Linie Rücksicht genommen werden (§ 103 GO.). Der Bürgermeister, der von der Regierung auf Lebenszeit ernannt wurde, leitete die Verwaltung der Kommunalangelegenheiten der Bürgermeisterei und war hierbei ausführendes Organ. Er führte die Polizeiverwaltung in seinem Bezirk, sowie die laufenden Geschäfte der Landesverwaltung (§ 108 GO.). Er hatte den Vorsitz im Gemeinderat und der Bürgermeistereiversammlung und bei Stimmengleichheit die entscheidende Stimme. In allen Gemeindeangelegenheiten war ihm die Ausführung und auch die Entscheidung übertragen, falls diese nicht dem Gemeinderat überlassen war. Bei vorhandenem Bedürfnis konnte er mit Genehmigung der Regierung zur Verwaltung einzelner Geschäftszweige aus geeigneten Gemeindemitgliedern Deputationen bilden (§ 85 GO.). Er hatte dafür zu sorgen, dass der Haushalt nach den Etats geführt wurde (§ 90 GO.). Hatte der Bürgermeister die Ueberzeugung, dass ein Beschluss der Gemeindevertretung den Gesetzen widersprach oder von Nachteil für das Gemeindewohl war, so sollte er seine Ausführung versagen und an den Landrat berichten (§ 88 GO.). Beschlüsse von Versammlungen, in denen er nicht den Vorsitz geführt hatte, waren ihm sogleich vorzulegen (§ 67 GO.). Ueber Einnahmen und Ausgaben, die sich im voraus bestimmen liessen, stellte er die Etats auf, innerhalb deren Grenzen er selbständig verfügen konnte (§ 89 GO.).

Die Oberaufsicht des Staates über Bürgermeistereien und Gemeinden wurde durch die Regierungen und Landräte ausgeübt. Diese Behörden waren berechtigt, sich zu informieren, ob die Verwaltung in den Gemeinden und Bürgermeistereien nach den Gesetzen überhaupt und insbesondere nach der neuen Gemeindeordnung geführt würde. Hierzu konnten sie die Etats und Rechnungen einfordern und vorhandene Mängel rügen. Ferner hatten sie dafür zu sorgen, dass die Verwaltung in den vorgeschriebenen Grenzen blieb und Störungen beseitigt wurden. Bei Beschwerden einzelner hatten sie die Verletzung der diesen als Mitglieder zustehenden Rechte zu untersuchen und zu entscheiden. Ausserdem hatten sie das Recht, Bürgermeistereien und Gemeinden zur Erfüllung ihrer

Pflichten anzuhalten (§ 114 GO.). Gegen die Entscheidung des Bürgermeisters gab es Rekurs an den Landrat, gegen dessen Entscheidung Rekurs an die Regierung und hiergegen Rekurs an den Oberpräsidenten.

§ 11.
b) Kritische Würdigung der Gemeindeordnung von 1845.

Durch die neue Gemeindeordnung wurden die französischen Verwaltungsgesetze und Verordnungen, die fast ein halbes Jahrhundert bestanden hatten, ausser Kraft gesetzt. Damit war ein wichtiges Moment, das die Rheinländer an die Fremdherrschaft erinnern muste, beseitigt und so ein weiteres festes Bindemittel geschaffen zwischen der Rheinprovinz und Preussen. Wie schon erwähnt, suchte die neue Gemeindeordnung einen Ausgleich herbeizuführen, zwischen der durch den Einfluss der französischen Revolution gebildeten Staatsauffassung des Westens und dem patrimonialen System des Ostens, indem sie beiden Prinzipien Zugeständnisse einräumte, sie damit einander näher brachte und so ihre Verschmelzung vorbereitete.[1] Durch die den Städten vorbehaltene Annahme der revidierten Städteordnung, die Ermöglichung einer Auflösung der alten Samtgemeinden, die Zulässigkeit besonderer Statuten und Dorfordnungen, sowie durch die einseitige Bevorzugung des Grundbesitzes bei der Besetzung

---
[1] Buhl. S. 92.

des Gemeinderates wurde die Einheit und Gleichheit der Rechte des Bürgertums zugunsten des patrimonalen Systems sehr durchbrochen. In der neuen Gemeindeordnung hatte man den Gemeinden wenigstens einen angemessenen Spielraum für die Erledigung ihrer Angelegenheiten gelassen. Gemeinden wie Bürgermeistereien waren zu öffentlich-rechtlichen Persönlichkeiten erhoben, die selbständige Erledigung ihrer Angelegenheiten war ihnen zugesichert und ihnen dadurch die Möglichkeit gegeben, sich als Bindeglied zwischen dem Staat als solchem und den einzelnen Personen zu betätigen. Es kann jedoch nicht verkannt werden, dass man den Gemeinden eine grössere Bewegungsfreiheit hätte lassen können.[1]) Die zugestandene freie Wahl der Gemeindevertreter ist zweifelsohne ein bedeutender Fortschritt gegen früher, als noch diese Mitglieder des Gemeinderates vom Präfekten ernannt wurden.[2]) Der Kreis der zum Gemeinderecht befähigten Mitglieder umfasst jetzt alle Eingesessenen, die Grundbesitz oder nachweisbares festes Vermögen haben, schliesst aber die Gewerbesteuerzahlenden aus. Die einmalige jährliche Tagung des Gemeinderates ist beseitigt, er kann jetzt nach Ermessen des Bürgermeisters beliebig oft zusammentreten, und dieser muss ihn berufen, wenn ein Viertel der Gemeindevertreter es

---

[1]) Buhl, S. 93.
[2]) Buhl, S. 93.

verlangt. Die staatliche Bevormundung der Gemeinden, die so weit ging, dass ohne Erlaubnis der Staatsbehörden kein Gegenstand im Gemeinderate beraten werden durfte, ist erheblich zurückgedrängt worden. Der Gemeinderat ist jetzt in der Lage, in jeder Angelegenheit an die vorgesetzte Behörde sein Gutachten abzugeben.[1]) Er hat jetzt wenigstens Einblick in die Gemeindeverwaltung und eine Kontrolle über dieselbe.

Seltsamerweise hat man bei Gewährung des Gemeinderechts an die steuerzahlenden Bürger die Gewerbesteuer ausser Betracht gelassen, und selbst auf dem Provinziallandtag von 1843 waren die Abgeordneten entschieden gegen die Einbeziehung der Gewerbesteuer in die Erlangung des Meistbegütertenrechts, obwohl sie doch das Prinzip der Gleichheit aller Staatsbürger so entschieden betonten. Trugen doch diejenigen vermögenslosen Mitglieder, die Gewerbesteuer entrichteten, ebenso zu den Gemeindelasten bei, als wenn sie Grund- und Klassensteuer bezahlt hätten.[2]) Empfand man es schon als ungerecht, dass man die unvermögenden, steuerfreien Bürger vom Gemeinderecht fernhielt, um zu verhindern, dass ein nichtsteuerzahlender Bürger über die Abgaben und Lasten der Steuerzahler mitbestimmte. Nach dem Dreiklassenwahlrecht war der Einfluss auf die Gemeindewahl nach der Höhe der Steuer ab-

---
[1]) Buhl, S. 94.
[2]) Buhl, S. 82.

gestuft, und so lag schon hierin eine genügende Gewähr gegen die Befürchtung, dass die Gewerbetreibenden gegenüber den Grund und festes Vermögen besitzenden Gemeindemitgliedern kein der Gemeinde nachteiliges Uebergewicht hätten erlangen können.[2])

Trotz mancher Zugeständnisse an die Selbständigkeit der Gemeinden ist der Einfluss der Staatsbehörden doch ein sehr wesentlicher geblieben. Bei allen Verpflichtungen der Gemeinden gegenüber dem Staat und bei öffentlichen Einrichtungen hat die Regierung die Entscheidung in der Hand. Ebenso ist bei Erhebung der Gemeindeumlagen, Ankauf und Veräusserung von Grundstücken, sowie Anstrengung von Prozessen über Berechtigungen der Gemeinde die Genehmigung der Regierung erforderlich. Ausserdem kann aber jeder Beschluss des Gemeinderates mit der Begründung, dass er gesetzwidrig oder der Gemeinde schädlich sei, von der oberen Verwaltungsbehörde aufgehoben werden.[2]) Hierdurch wird die selbständige Verwaltung der Gemeinde auf ein sehr bescheidenes Mass zurückgedrängt.

Um zu verhindern, dass diese eng gezogenen Grenzen von den Gemeinden überschritten werden, ist der zur Wahrnehmung des Staatsinteresses eingesetzte Bürgermeister berufen. Er ist massgebend in den Gemeindeangelegenheiten und das ausführende Organ aller Beschlüsse des Gemeinderates, er führt

---

[1]) Buhl, S. 81.
[2]) Bornhak, Verwaltungsrecht, III, S. 49; Buhl, S. 94 f.

die laufende Verwaltung und nimmt ferner die örtlichen Staatsinteressen wahr. Trotz des entschiedenen Widerstandes des Landtages, der die Wahl des Bürgermeisters seitens der Gemeinden oder doch wenigstens ein Präsentationsrecht der Gemeinden wünschte, hat sich die Regierung die Ernennung dieses wichtigen Beamten der Gemeindeverwaltung vorbehalten. Immerhin entbehrt der Standpunkt der Regierung nicht der Gründe. Ein von der Regierung ernannter Beamter steht von vornherein über den Gemeindeparteien, und es wird damit jeden parteipolitischen Machenschaften, die zu Friedensstörungen in der Gemeinde Anlass geben können, der Boden entzogen. Ausserdem ist der Bürgermeister auch Staatsbeamter, und es kann der Regierung nicht gleichgültig sein, wer die laufende Landesverwaltung und die Registersachen führt oder Inhaber der Polizeigewalt ist. Bei Fehlgriffen in der Ernennung eines Bürgermeisters hat die Regierung es in der Hand, diesem Uebelstand durch Versetzung in einen anderen Wirkungskreis ohne weiteres abzuhelfen.

Andererseits rechtfertigen die Gründe, die gegen diese Regelung angeführt werden, das Verlangen der Bürgermeisterwahl vollkommen. Es sind da anscheinend unbedeutende Punkte zu beachten, die aber in den kleinen Bezirken von Wichtigkeit sind.

Der von der Regierung ernannte Bürgermeister muss sich das Vertrauen der Gemeinde, das zu einem gemeinsamen Zusammenarbeiten zum Wohle der Gemeinde notwendig ist, erst erwerben, während der von der Gemeinde gewählte nur das ihm von der Mehrzahl der Gemeindemitglieder entgegengebrachte Vertrauen sich zu erhalten braucht. Zudem wird der Bürgermeister von der Gemeinde besoldet, weshalb schon aus Gründen der Billigkeit der Bürgermeistereiversammlung ein grösserer Einfluss bei Anstellung des Bürgermeisters einzuräumen ist. Auch hat seine Ernennung seitens der Regierung auf Lebenszeit den erheblichen Nachteil, dass den Gemeinden jede Möglichkeit genommen ist, sich eines missliebigen oder seiner Aufgabe nicht gewachsenen Beamten zu entledigen. Sehr leicht kann ein solcher Zustand zu Zwistigkeit und Unzufriedenheit führen, die der Verwaltung unbedingt schädlich sind. Die hierdurch entstehenden Nachteile fallen natürlich auf die Gemeinden zurück.

Auch bei Wahl der Bürgermeister durch die Gemeinden ist die gesetzliche Festlegung der Amtsdauer auf höchstens 10 bis 15 Jahre erforderlich; denn es ist immerhin möglich, dass bei der Wahl seitens der Gemeinde Fehlgriffe in der Person des Bürgermeisters vorkommen. Den Gemeinden muss dann eine Handhabe gegeben werden, sich des ihr Vertrauen nicht rechtfertigenden Beamten ohne Schwierigkeit und ohne Schädigung des Gemeinwohles zu entledigen. Die Amtszeit auf eine kürzere als zehnjährige Dauer zu bestimmen, ist nicht empfehlenswert; denn immerhin muss man mit der Tatsache rechnen, dass jeder Beamte eine gewisse Zeit zur Einarbeitung in den ihm fremden Wirkungskreis nötig hat. Kürzere Amtsfristen geben zudem Anlass zu häufigerem Personenwechsel und damit meist auch zu Aenderungen des Systems, was der gesamten Verwaltung nur schädlich sein kann.

In bedenklicher Form ist auch die Bestellung des Gemeindevorstehers geregelt, da auch hier den Gemeinden jeder Einfluss genommen ist. Der Gemeindevorsteher wird auf Vorschlag des Bürgermeisters vom Landrat aus der Zahl der Gemeindemitglieder ernannt. Dieses Vorschlagsrecht kann der Bürgermeister in freier Weise ausüben. Es fehlt somit an einer Gewähr dafür, dass stets ein für die Gemeinde geeigneter Mann in Vorschlag gebracht wird. Auch sind die Funktionen des Gemeindevorstehers derart eingeschränkt, dass man von einer Gemeindeverwaltung in engerem Sinne nicht sprechen kann; denn der Schwerpunkt der Gemeindeverwaltung liegt ganz und gar beim Bürgermeister. Es ist daher einmal Erweiterung der Befugnisse des Gemeindevorstehers und sodann dessen Wahl entweder durch den Gemeinderat oder durch die des Gemeinderechts teilhaftigen Bürger zu fordern. Zuzugeben ist allerdings, dass im Interesse der Einheitlichkeit der Verwaltung dem Staate gegenüber den Gemeinden ein Aufsichtsrecht eingeräumt werden muss. Dieses Minimum, das dem Staate zu seinem Bestand notwendig ist, in seinem Umfange zu bestimmen, hält aber ausserordentlich schwer. Je straffer die Staatsaufsicht ist, desto gebundener muss die Selbstverwaltung sein. Der Umfang und die Freiheit der Selbstverwaltung bestimmen sich demnach nach dem jeweiligen Grade der Staatsaufsicht. Es beeinträchtigt eine allzu straffe Aufsicht zunächst die Selbstverwaltung und damit jede freie Entwicklung des Gemeindewesens. Das nach dieser Gemeindeordnung dem Staate eingeräumte Aufsichtsrecht schneidet aber derartig tief in die Verwaltung der Gemeinden ein, dass hierdurch die an sich nicht grosse Selbständigkeit noch mehr eingeschränkt wird. Zu sehr erkennt man die Absicht des Gesetzgebers, den durch die französischen Gesetze ganz gebundenen Gemeinden nur nicht zuviel Selbständigkeit einzuräumen, die ihnen möglicherweise schädlich werden könnte. Mit Ausnahme der Vermögensverwaltung und der von der Gemeinde zu leistenden Ausgaben und Dienste ist den vier Behörden, die als Aufsichtsorgane tätig werden können, ein Eingriffsrecht in fast allen Selbstverwaltungsangelegenheiten eingeräumt.

Neben der allgemeinen Aufsicht über die Gemeinden steht dem Landrat die Bestätigung der Gemeindewahlen, sowie die Genehmigung aller Beschlüsse der Gemeinde- und der Bürgermeistereivertretungen zu. Die Regierungen üben einmal eine Kontrolle über die Tätigkeit des Landrates aus, ferner steht ihnen in allen wichtigen Angelegenheiten, an denen der Staat ein erhebliches Interesse hat, ein Genehmigungsrecht zu. Ausserdem ist noch dem Oberpräsidenten und dem Minister des Inneren ein ausserordentliches Aufsichtsrecht eingeräumt und ihnen hierbei die Anwendung von Ausnahmebestimmungen und Dispensationen in der gesetzlich zulässigen Weise gestattet.

Wenn auch die Städteordnung von 1808[1]) ein von der Gemeindeordnung grundverschiedenes Gesetz war, so fanden sich in ihr doch manche Bestimmungen, die sich sehr an jene anlehnten. So kannte die Städteordnung auch schon nur zwei Klassen von Gemeindeeinwohnern, nämlich Bürger und Schutzverwandte. Zu den Bürgern zählten diejenigen, die Besitzer eines städtischen Grundstücks waren oder ein Gewerbe betrieben, unter der Voraussetzung, dass sie angesessen und unbescholten waren. Im Gegensatz zur Gemeindeordnung ging das Bürgerrecht verloren durch Verlegung des Wohnsitzes, falls nicht die Beibehaltung beantragt wurde, ferner bei blosser Entfernung aus der Stadt über zwei Jahre. Eine Verpflichtung seitens der städtischen Bürger zur Uebernahme unbesoldeter Aemter bestand hier gleichfalls, ebenso kannte die Städteordnung Strafen bei unberechtigter Verweigerung einer solchen Uebernahme, nämlich Verlust der städtischen Ehrenrechte oder stärkere Heranziehung zu den Gemeindelasten.[2])

An Stelle der ständischen Bürgerver-

---

[1]) E. v. Meier, Reform, S. 307—348; Schoen, S. 24—28.
[2]) E. v. Meier, Reform, S. 313—323.

sammlung das Repräsentativsystem zuerst vollständig durchgeführt zu haben, ist das Verdienst der Städteordnung, die hierdurch den späteren Gemeindeordnungen als Vorbild diente. Die gewählten Stadtverordneten waren auch bereits hier Vertreter der gesamten Bürgerschaft, frei von jeglicher Verantwortung gegenüber ihren Wählern, ein Grundsatz, der von hier seinen Weg in fast alle Verfassungen und Gemeindeordnungen der neueren Zeit genommen hat. Die Wahlen waren abweichend von der Gemeindeordnung direkt und geheim und fanden jährlich statt für eine dreijährige Amtsperiode. Aehnlich den Regeln in der Gemeindeordnung wurde für eine bestimmte Zahl der Stadtverordneten Ansässigkeit und Hausbesitz verlangt. Die Verhandlungen, bei denen Beschlüsse nur nach Stimmenmehrheit gefasst wurden, waren geheim.[1]) In den Städten standen gewählte Magistrate, kollegiale Behörden an der Spitze, in deren Hand neben der Vertretung nach aussen die Exekutive lag, Befugnisse, die der rheinische Bürgermeister in einer Person vereinigte.[2]) Die Stadtverordneten hatten über sämtliche städtische Angelegenheiten zu beschliessen, die Tätigkeit des Magistrats zu kontrollieren, die Vermögensverwaltung selbständig zu führen, sowie die Notwendigkeit aller Auslagen zu prüfen. Sie besassen demnach generelle Befugnisse im Gegensatz zu

---

1) E. v. Meier, Reform S. 323—327.
2) E. v. Meier, Eeform S. 328.

dem Gemeinderat, dem nur einige nebensächliche Einzelbefugnisse zustanden.[1])

Die Staatsaufsicht war beschränkt auf blosse Einsichtnahme in die offen gelegten Rechnungen, Entscheidung von Beschwerden, Bestätigung von Statuten und Magistratspersonen. Dem Staate war somit die Möglichkeit genommen, die städtische Verwaltung und insbesondere die Finanzverwaltung nachzuprüfen.[2])

Die Finanzverwaltung war ganz der Willkür der Stadtverordneten preisgegeben, zumal dem Magistrate hier kein Einspruchsrecht zustand. Gegenüber dem Recht der Stadtverordneten, beliebig Anleihen aufzunehmen oder sonst Schulden einzugehen, war die Aufsichtsbehörde nicht in der Lage, die Städte zur Tilgung ihrer Schulden anzuhalten. Auch konnte das Immobiliarvermögen veräussert oder gar aufgeteilt werden, wenn die Stadtvertretung dies für notwendig und nützlich hielt.

Wie sehr auch der Städteordnung der Ruhm gebührt, den Begriff der Selbstverwaltung für die Städte praktisch verwirklicht zu haben, so ergibt sich doch aus ihren Bestimmungen, dass man hier zuviel des Guten getan hatte. Man konnte daher erwarten, dass, trotzdem sie die in sie gesetzten Hoffnungen im wesentlichen erfüllte, sich bald manche Schäden in die Stadtverwaltung einschleichen würden. So kam es denn zur revidierten

---
[1]) E. v. Meier, Reform, S. 329 ff.
[2]) E. v. Meier, Reform, S. 347—353; Buhl, S. 95 ff.

Städteordnung von 1831, deren Hauptaufgabe es war, mit den durch zu weitherzige Selbstverwaltung herbeigeführten Mängeln in der Städtverfassung aufzuräumen. Unter Berücksichtigung dieser Umstände lässt sich bei den Beratungen über die Landgemeindeordnung um so mehr die feste Haltung der Regierung verstehen, die trotz der energischen und manchmal auch über das Ziel hinausgehenden Wünsche des Provinziallandtags, gewitzigt durch die Erfahrungen der ersten Städteordnung, es für richtiger hielt, die Befugnisse der Gemeindevertretungen auf ein bescheidenes Mass zu beschränken, auf der anderen Seite aber dem Staate ein weitgehendes Aufsichtsrecht und eine hierdurch ermöglichte eingehende Kontrolle der Gemeindeverwaltung vorzubehalten.

---

2. Abschnitt.

Die preussische Gemeindeordnung von 1850.

§ 12.

a) Der Inhalt des Gesetzes vom 11. März 1850.

Mit der Einführung der Gemeindeordnung von 1845 wurde im folgenden Jahre begonnen und es verging mit dieser Tätigkeit ein Zeitraum von ungefähr eineinhalb Jahren. Es war diesem Gesetz zunächst nur eine kurze Lebensdauer beschieden. Der Kapitalismus, vertreten durch den Liberalismus — freilich in anderem als dem heutigen Sinne — war seit Verbreitung der freiheitlichen Ideen sehr stark geworden und nahm noch täglich an Macht zu. Infolge der einseitigen Bevorzugung des Grundbesitzes strebte er mit allen Mitteln danach, in Staatsangelegenheiten, in denen ihm bislang jede Teilnahme versagt war, den gleichen Einfluss zu erringen wie der Grundbesitz.[1]) Diese Bestrebungen des Kapitalismus waren auch ein Grund für die Revolution von 1848, die sich im wesentlichen als ein Kampf zweier Klassen darstellte und dem Liberalismus den ersehnten Einfluss auf die Staats- und Gemeindeangelegenheiten in ausreichendem Masse verschaffte. Nach harten Kämpfen kam die revidierte Verfassung vom 31. Dezember 1850 zustande, welche die einseitige Interessengemeinschaft des Grundbesitzes beseitigte, indem sie das aktive und passive Wahlrecht von einer Besitzart unabhängig machte. Je mehr Erfolge der Kapitalismus errang, desto ungestümer richteten sich seine Angriffe gegen die Vorrechte des Grundbesitzes, den er in seinem jetzt ebenfalls engherzigen und einseitigen Streben nach Macht von jeder Teilnahme an den Staatsangelegenheiten auszuschalten trachtete. Die Patrimonialgerichtsbarkeit wurde gänzlich aufgehoben. Schon im Jahre 1848 hatte man den

---

[1]) Bornhak, Verwaltungsrecht III, S. 232—239.

Entwurf einer neuen Gemeindeordnung für Preussen in Angriff genommen, in welcher der Kapitalismus keineswegs zu kurz kommen sollte. In Ausführung des Artikels 105 der Verfassung wurde dann die Gemeindeordnung vom 11. März 1850 für die ganze preussische Monarchie ohne Rücksicht auf Stadt und Land erlassen, die im Verein mit der Kreis-, Bezirks- und Provinzialordnung vom gleichen Tage die bevorzugte Stellung des Grundbesitzes in der Gemeindeverwaltung und den kommunalen Vertretungen gänzlich beseitigte.

Die Gemeindeordnung vom 11. März 1850[1]) unterschied sich wesentlich von dem in Preussen bestehenden Gemeinderecht, selbst von der erst vor wenigen Jahren in Kraft getretenen rheinischen Gemeindeordnung.

Die innerhalb des Gemeindebezirkes gelegenen Grundstücke, sowie alle Einwohner des Gemeindebezirkes bildeten die Gemeinde (§ 1 u. 2 PrGO.). Die sogenannten kommunalfreien Grundstücke wurden beseitigt, da jedes Grundstück einem Gemeindebezirk angehören musste oder einen solchen bildete (§ 1 PrGO.). Veränderungen der Gemeindebezirke wurden durch königliche Genehmigung unterliegendem Beschluss bewirkt. Vorher war Zustimmung der Beteiligten und Anhörung der Kreisvertretung erforderlich. Alle Einwohner waren zur Mitbenutzung der öf-

---

[1]) GS. S. 213, Nr. 18; Rönne, S. 3—46; Bornhak, Verwaltungsrecht III, S. 232—239.

fentlichen Gemeindeanstalten berechtigt und zur Teilnahme an den Gemeindelasten verpflichtet. Auswärtige, die in der Gemeinde Grundbesitz hatten oder ein stehendes Gewerbe betrieben, wurden nur zu denjenigen Lasten herangezogen, die auf dem Grundstück oder Gewerbebetrieb oder auf den aus diesen Quellen erzielten Einkünften ruhten (§ 3 PrGO.).

Die politischen Gemeinderechte standen denjenigen selbständigen Preussen zu, die seit einem Jahre in der Gemeinde wohnten, keine Armenunterstützung aus öffentlichen Mitteln empfingen, ihre Gemeindeabgaben bezahlt hatten und an direkten Steuern mindestens 2 Taler entrichteten oder in Gemeinden von unter 1500 Einwohner ein Grundstück im Werte von 100 Talern oder ein Haus im Gemeindebezirk besassen. In den mahl- und schlachtsteuerpflichtigen Gemeinden trat an die Stelle des Beitrages zu den direkten Steuern der Nachweis eines Einkommens von 100, 250 und 300 Talern, je nachdem die Bevölkerungszahl dieser Gemeinden weniger als 10 000 Einwohner, weniger als 50 000, oder mehr als 50 000 Einwohner betrug (§ 4 Pr. GO.). Ohne Wohnsitz oder Aufenthalt in der Gemeinde zu haben, konnten an den Gemeindewahlen teilnehmen diejenigen Personen, die seit einem Jahre mehr als einer der drei höchstbesteuerten Einwohner sowohl an direkten Staats- als auch an Gemeindeabgaben entrichteten, und bei denen die übrigen Erfordernisse der Gemeindewähler vorlagen.

Das gleiche Recht war den juristischen Personen zugesichert (§ 5 PrGO.).

Aus diesen Bestimmungen ergibt sich zur Genüge, welches Uebergewicht dem beweglichen Kapitalbesitz eingeräumt war. Insbesondere waren die Industriegesellschaften in der Lage, durch ihre Vertreter die ganze Gemeindeverwaltung nicht nur einer, sondern sogar mehrerer Gemeinden zu leiten, da ja weder Wohnsitz noch Aufenthalt in der Gemeinde Vorbedingung der politischen Gemeinderechte geblieben war.[1])

Die Gemeinden waren Korporationen, denen Selbstverwaltung ihrer Angelegenheiten zugesichert wurde (§ 6 PrGO.). Ferner stand jeder Gemeinde das Recht zu, ihre besondere Verfassung in einem Statut abzufassen, welches alsdann die Grundlage der besonderen Verfassung bildete. Gegenstände dieses Statuts konnten sein: Bestimmungen über diejenigen Gemeindeangelegenheiten, Rechte und Pflichten der Gemeindemitglieder, bei denen das gegenwärtige Gesetz Verschiedenheiten gestattete oder keine ausdrücklichen Grundsätze aufstellte, ferner Bestimmungen über sonstige eigentümliche Verhältnisse und Einrichtungen. Bei einem derartigen Statut war Bestätigung des Bezirksrates nach vorangegangener Begutachtung durch den Kreisausschuss erforderlich (§ 8 PrGO.).

Die Gemeinde wurde vertreten durch den Gemeindevorstand und Gemeinderat. Der Ge-

---
[1]) Bornhak, Verwaltungsrecht III, S. 233.

meindevorstand war die Ortsobrigkeit und verwaltete die Gemeindeangelegenheiten. Hinsichtlich der Organisation der Gemeinden unterschied man je nachdem die Einwohnerzahl mehr oder weniger als 1500 Einwohner betrug (§ 9 PrGO.). In Gemeinden mit über 1500 Einwohner bestand entsprechend der Zahl der Bevölkerung der Gemeinderat aus 12—60 Mitgliedern. In Gemeinden von über 12 000 Einwohner traten für je 50 000 Einwohner weitere sechs Gemeindevertreter hinzu (§ 10 PrGO.). Die Zahl der Gemeindeverteter richtete sich nach dem aus der rheinischen Gemeindeordnung von 1845 übernommenen Dreiklassensystem. Bei Bildung der Gesamtsteuersumme wurden diejenigen Grund- und Gewerbesteuern, die in auswärtigen Gemeinden entrichtet wurden, nicht mit berücksichtigt. Jede Abteilung wählte ein Drittel der Gemeindeverordneten, ohne an die Mitglieder ihrer Klasse gebunden zu sein (§ 11 PrGO.). Umfasste eine Abteilung mehr als 500 Wähler, so konnte die Wahl innerhalb derselben nach Bezirken geschehen. Ebenso konnten die aus mehreren Ortschaften bestehenden Gemeinden in Wahlbezirke eingeteilt werden. Die Anzahl und die Grenzen der Wahlbezirke, sowie die Zahl der von einem jeden derselben zu wählenden Gemeindeverordneten wurden von dem Gemeindevorstand festgesetzt (§ 12 PrGO.). Die Hälfte der zu wählenden Gemeindeverordneten musste aus Grundbesitzern bestehen. War diese Zahl nicht vorhanden, so konnten statt dessen nach Bestimmung des Bezirksrates auch Pächter gewählt werden (§ 14 PrGO.). Vom Gemeinderat waren ausgeschlossen sämtliche Staatsbeamten, der Gemeindevorstand und Gemeindebeamten, ferner nahe Verwandte (§ 15 PrGO.). Die Wahl der Gemeinderatsmitglieder erfolgte auf sechs Jahre derart, dass jedes zweite Jahr ein Drittel ausschied (§ 16 PrGO.). Die Wahl geschah durch mündliche zu Protokoll genommene Erklärung. Erforderlich war absolute Stimmenmehrheit (§§ 23, 24 PrGO.). Die ausserhalb wohnenden Höchstbesteuerten und juristischen Personen, ferner die durch Militärdienst ferngehaltenen Wähler konnten ihr Stimmrecht durch Bevollmächtigte ausüben, die selbst Gemeindewähler waren (§ 23 PrGO.).

Die Beigeordneten und Schöffen wurden auf sechs Jahre, indem alle zwei Jahre ein Drittel ausschied, Bürgermeister und sonstige Gemeindebeamten auf zwölf Jahre gewählt. Die Wahl der Bürgermeister und Beigeordneten bedurfte höherer Bestätigung, und zwar erfolgte diese in Gemeinden von über 10 000 Einwohnern durch den König, in den übrigen durch den Regierungspräsidenten. Versagung der Bestätigung konnte nur nach Anhören des Bezirksrates erfolgen. Bei zweimaliger Nichtbestätigung der Wahl stand dem König bezw. dem Regierungspräsidenten die Ernennung auf höchstens sechs Jahre zu (§ 31 PrGO.).

Der Gemeinderat, der sich jährlich seinen Vorsitzenden und dessen Stellvertreter wählte, versammelte sich so oft es seine Geschäfte erforderten. Der Vorstand wurde zu den Versammlungen eingeladen, musste auf Verlangen erscheinen und auf eigenes Verlangen gehört werden. Der Gemeinderat, der die Art und Weise der Verhandlungen selbst ordnete, war an Instruktionen und Aufträge seiner Wähler nicht gebunden, hatte über alle Gemeindeangelegenheiten Beschluss zu fassen und sich gutachtlich über die von der Aufsichtsbehörde vorgelegten Gegenstände zu äussern (§§ 33, 35—37 PrGO.). Er kontrollierte die Gemeindeverwaltungen und hatte das Recht, sich von der Ausführung seiner Beschlüsse zu überzeugen. Beschlüsse über Veräusserung von Grundstücken und Anleihen, welche die Schuldenlast der Gemeinden vergrösserten, sowie über Veränderungen von Gemeindenutzungen bedurften der Genehmigung des Bezirksrates (§ 45 PrGO.). Beschlüsse über Veräusserung und wesentliche Veränderung von Sachen, die einen besonderen wissenschaftlichen, historischen oder künstlerischen Wert besassen, namentlich von Archiven, waren abhängig von der Genehmigung der Bezirksregierung (§ 48 PrGO.).

Dem Gemeindevorstand stand die laufende Verwaltung und Vorbereitung und Ausführung der Beschlüsse des Gemeinderates zu (§ 53 PrGO.). Er war eine kollegiale Behörde und fasste seine Beschlüsse mit Stimmenmehrheit. Den Vorsitz führte der Bürgermeister oder dessen Stellvertreter (§ 54 PrGO.). Der

Bürgermeister hatte die Leitung und Verteilung der Geschäfte des Vorstandes und alle dringenden Angelegenheiten vorläufig selbständig zu besorgen (§ 55 PrGO.). Zur dauernden Verwaltung einzelner Geschäftszweige, wie zur Erledigung einzelner, bestimmter Angelegenheiten und Aufträge konnten auf Beschluss des Gemeinderates besondere dem Vorstande untergeordnete Deputationen aus Mitgliedern des Vorstandes des Gemeinderates und Gemeindewählern gebildet werden. Die Mitglieder des Vorstandes bestimmte der Bürgermeister, die übrigen der Gemeinderat (§ 56 PrGO.).

In Gemeinden von unter 1500 Einwohnern, also den rein ländlichen Gemeinden, bestand der Gemeinderat aus dem Gemeindevorsteher und sechs bis zwölf gewählten Mitgliedern. Ausserdem gehörten zum Gemeinderate diejenigen im Gemeindebezirk ansässigen Grundeigentümer, die Gemeindewähler waren und mehr als ein Viertel der gesamten Gemeindeabgaben aufbrachten. Waren diese Berechtigten juristische oder unter Vormundschaft stehende Personen, so war Stellvertretung zulässig (§ 68 PrGO.).

Der Gemeindevorstand bestand aus dem Gemeindevorsteher und zwei Schöffen, zur Unterstützung des Gemeindevorstehers und zu seiner Vertretung bei Behinderungsfällen (§ 85 PrGO.). Der Gemeindevorsteher, der in der Gemeinde ansässig sein musste, und die Schöffen wurden von dem Gemeinderate auf sechs Jahre gewählt (§ 88 PrGO.). Nach dreijähriger Amtszeit konnte der Gemeindevorsteher auf zwölf Jahre wieder gewählt werden. Von den Schöffen schied alle drei Jahre einer aus (§ 90 PrGO.). Die Wahl der Gemeindevorsteher und der Schöffen bedurfte der Bestätigung durch den Landrat; diese konnte nach Anhörung des Kreisausschusses versagt werden. Bei zweimaliger Nichtbestätigung ernannte der Landrat den Vorsteher und die Schöffen auf sechs Jahre.

Der Umfang des Geschäftskreises und die Art der Verhandlungen des Gemeindevorstandes und Gemeinderates entsprach den hierüber getroffenen Bestimmungen in Gemeinden von über 1500 Einwohnern. Der Gemeindehaushalt wurde, soweit er sich im voraus bestimmen liess, jährlich vom Vorsteher entworfen, 14 Tage lang öffentlich ausgelegt, alsdann vom Gemeinderat festgestellt und eine Abschrift sofort der Aufsichtsbehörde eingereicht (§ 120 PrGO.).

Gemeinden, die sich allein zu schwach fühlten, ihre Zwecke zu erfüllen, konnten sich mit benachbarten zu Samtgemeinden vereinigen, die von einem Vorsteher und einem Samtgemeinderat vertreten wurden (§§ 126, 128 PrGO.). Hinsichtlich der besonderen Angelegenheiten wurden die Einzelgemeinden von ihrem Gemeinderat und ihrem Gemeindevorstande vertreten und verwaltet (§ 117 PrGO.). Welche Angelegenheiten zu den gemeinsamen zu rechnen waren, bestimmten die Räte der einzelnen Gemeinden unter Genehmigung des Bezirksrates. Dieser setzte gleichfalls nach Vernehmung der Gemeinderäte der Einzelgemeinden und des Samtgemeinderates fest, in welchem Verhältnisse die Einzelgemeinden zu den gemeinsamen Bedürfnissen und Lasten der Samtgemeinden beizutragen hatten (§ 131 PrGO.).

Jede Einzelgemeinde musste im Samtgemeinderat vertreten sein. Bei Einzelgemeinden ungleicher Grösse richtete sich die Zahl der Abgeordneten nach Massgabe der Bevölkerung. Die Mitglieder der Samtgemeinderäte konnten nur Vergütung für bare Auslagen beanspruchen (§ 132 PrGO.). Angelegenheiten, bei denen mehr als eine, aber nicht alle Einzelgemeinden beteiligt waren, gehörten zum Geschäftskreise des Vorstehers und dessen Samtgemeinderates, wobei jedoch nur die Vertreter der beteiligten Gemeinden mitbeschlossen (§ 143 PrGO.).

Die Aufsicht über die Verwaltung der Gemeindeangelegenheiten wurde bei Gemeinden von über 10 000 Einwohner von dem Bezirksrat, in den übrigen von dem Kreisausschuss in erster, von dem Bezirksausschuss in zweiter Instanz ausgeübt (§ 131 PrGO.). Beschwerden über Entscheidungen in Gemeindeangelegenheiten konnten regelmässig nur in vier Wochen nach Zustellung oder Bekanntmachung erhoben werden (§ 139 PrGO.). Gemeinderatsbeschlüssen, welche die Zuständigkeit überschritten oder die Gesetze oder das Staatsinteresse verletzten, musste von Amts wegen seitens des Bürgermeisters oder Gemeindevorstehers die Ausführung versagt werden. Hiervon war der Gemeinderat zu benachrichtigen und die Entscheidung des Regierungspräsidenten einzuholen (§ 140 PrGO.). Dem Regierungspräsidenten stand nach Beratung mit dem Bezirksrate die zwangsweise Eintragung in die Haushaltsetats der Gemeinden zu, wenn der Gemeinderat sich weigerte oder es unterliess, der Gemeinde gesetzlich obliegende Leistungen auf den Haushaltsetat zu bringen oder ausserordentlich zu genehmigen (§ 141 PrGO.). — Gegen die Entscheidung des Regierungspräsidenten stand dem Gemeinderate innerhalb zehn Tagen die Berufung an den Minister des Innern zu. In Gemeinden von unter 1500 Einwohnern übte das gleiche Recht der Landrat nach Anhörung des Kreisausschusses aus. Gegen dessen Entscheidung fand Berufung an den Regierungspräsidenten statt (§ 142 PrGO.). Ein ausserordentliches Aufsichtsrecht stand dem Minister des Innern insofern zu, als er den Gemeindevorstand, Gemeinderat oder Samtgemeinderat vorläufig auf höchstens ein Jahr seiner Verrichtungen entheben und dieselben besonderen Kommissarien übertragen konnte. Die endgültige Erledigung dieser Frage sollte durch ein besonderes Gesetz, dessen Entwurf den versammelten Kammern noch vorzulegen war, erfolgen (§ 143 PrGO.).

§ 13.
b) Kritik der preussischen Gemeindeordnung.

Diese unter revolutionärem Einfluss entstandene Gemeindeordnung unterscheidet sich wesentlich von derjenigen des Jahres 1845. Mit der französischen Mairieverfassung ist vollständig aufgeräumt worden. Wenn auch die Selbständigkeit, die man den Gemeinden gewährte, nicht an die der beiden Städteordnungen heranreichte, so wurde den Gemeinden doch genügend Freiheit bei der Ordnung ihrer Angelegenheiten gelassen. Vor allem ist ihnen, was als oberstes Erfordernis der Selbstverwaltung angesehen werden muss, die Wahl ihrer Beamten zugestanden worden. Ferner hat der bureaukratische Bürgermeister einer kollegialen Gemeindebehörde weichen müssen, in der durch das Vertrauen der Gemeindemitglieder gewählte Laien das Uebergewicht besitzen.

Von den alten Vorrechten des Grundbesitzes, die im Rheinland seit dem Eindringen der französischen Ideen schon stark vermindert waren, findet sich in dieser Gemeindeordnung keine Spur mehr. Vielmehr merkt man das Bestreben, dem beweglichen Besitz die Stellung zu gewähren, die früher ein unbestrittenes Recht des Grundbesitzes gewesen war. Dies ergibt sich auch aus den Bestimmungen, die den höchsten Steuerzahlern Gemeindewahlrecht verliehen, ohne dass Wohnsitz in der Gemeinde verlangt wurde, ferner aus den Begünstigungen der juristischen Personen.[1]) Die Industriellen erhielten hierdurch einen ungeheueren Einfluss auf die Besetzung des Gemeinderates und somit auf die Ver-

---

[1]) Bornhak, Verwaltungsrecht III, S. 253.

waltung der Gemeinden. Einerseits wählten die Angestellten der zahlreichen industriellen Unternehmen nur ihnen gefügige oder doch genehme Vertreter in den Gemeinderat. Andererseits konnte der Fabrikherr, der allein auf Grund seiner Gemeindeabgaben die Mitgliedschaft zum Gemeinderate besass, sogar in mehreren Gemeinden durch von ihm abhängige Gemeindevertreter die ganze Verwaltung in seinem Sinne beeinflussen. Dass jedoch der Grundbesitz die Zurücksetzung in der Gemeindeordnung sich so ohne weiteres gefallen lassen würde, war nicht anzunehmen, zumal auf seinen Schultern in früheren Zeiten allein die Gemeindeverwaltung geruht und die Staatsregierung ihn als erste Stütze des Staates stets begünstigt hatte.

Trotz der die Selbstverwaltung sehr fördernden Bestimmungen dieser Gemeindeordnung war ihr nur eine kurze Geltungsdauer beschieden, so dass sie keine Früchte zeitigen konnte. Einmal empfand man die bereits hervorgehobene Begünstigung des Kapitalismus als nachteilig,[1]) dann aber berücksichtigte das Gesetz — wegen der Einheitlichkeit für die ganze Monarchie die grundverschiedenen Anschauungen des Ostens und des Westens über Unabhängigkeit der Gemeinden zu wenig. Noch viel weniger konnte sie den lokalen Verschiedenheiten sowie dem Unterschied zwischen Stadt und Land gerecht werden. Jene durch die wirtschaftlichen Ver-

---

[1]) Bornhak, Verwaltungsrecht III, S. 231.

hältnisse und die geschichtliche Entwicklung der einzelnen Provinzen bedingten Unterschiede konnte auch eine einheitliche Gemeindeordnung nicht beseitigen.

Als die Gemeindeordnung vom 11. März 1850 in dem grössten Teil der Rheinprovinz eingeführt war,[1]) erging ein Königlicher Erlass vom 19. Juni 1852, nach welchem mit der Einführung nicht weiter fortzufahren sei.[2]) Im folgenden Jahre hob man durch ein weiteres Gesetz vom 24. Mai den Art. 105 der Verfassung, der die Grundlage der Gemeindeordnung vom 11. Mai 1850 bildete,[3]) auf. Ein Gesetz vom gleichen Tage[4]) setzte dann die Gemeindeordnung vom 11. März 1850 ausser Kraft und liess sie nur da, wo ihre Einführung bereits vollendet war, als ein Provisorium bestehen bis zu einer in Aussicht gestellten Neuregelung.[5])

---

[1]) Bornhak, Verwaltungsrecht III, S. 256; Verh. d. Abg. 1856, S. 363.
[2]) GS. S., 388.
[3]) GS. S., 228.
[4]) GS. S., 238.
[5]) Verh. d. Abg. 1856, S. 351; Bornhak, Verwaltungsrecht III, S. 257.

3. Abschnitt.
Das Gemeindeverfassungs-Gesetz von 1856.

§ 14.
a) Die Beratungen des Abgeordnetenhauses über das Gesetz vom 15. Mai 1856.

Der Streit der Meinungen bei den Verhandlungen über die Gemeindeverfassung der Rheinprovinz drehte sich im wesentlichen um die Fragen, ob das vorhandene System einer für Stadt und Land gleichmässigen Gemeindeordnung beizubehalten sei, oder ob eine besondere Städteordnung und eine Landgemeindeordnung erlassen werden, ferner darum, ob im letzteren Falle eine kodifizierte Landgemeindeordnung oder diejenige von 1845 nebst einer Novelle wieder zur Einführung gelangen sollte.[1]) Besonders eingehend wurde noch erörtert, welches Mass von Selbständigkeit und Freiheit man den Gemeinden gewähren könne.

Unter dem 30. Januar 1856 legte die Regierung den Kammern einen Gesetzentwurf zur Beschlussfassung vor,[2]) der sich als eine Abänderung eines bereits am 26. Januar 1854 den Kammern vorgelegten und auch von der Kommission der zweiten Kammer im wesent-

---
[1]) Schmidt, Gemeindeverfassung, S. 13.
[2]) Verh. d. Abg. 1856, S. 349 ff.

lichen befürworteten Regierungsentwurfs darstellte.[1]) Dieser Entwurf verhiess den Erlass einer Städteordnung für die Rheinprovinz und führte die Gemeindeordnung vom 15. Mai 1845 mit wenigen Abweichungen wieder ein, trotzdem die erste Kammer in ihrer Sitzungsperiode von 1852/53 eine ihr vorgelegte Novelle über Einführung der Gemeindeordnung von 1845 abgelehnt und einen neuen Entwurf ausgearbeitet hatte.

Eine ganze Reihe Petitionen, die dem Abgeordnetenhause unterbreitet wurden, protestierte gegen die beabsichtigte Trennung von Stadt und Land durch besondere Gemeindeordnungen, ebenso dagegen, dass die Gemeindeordnung von 1845 nebst einer Novelle wieder eingeführt werden sollte.[2]) Die Petitionen verlangten teilweise eine neue, die ganze Provinz umfassende, Gemeindeordnung, die den Gemeinden eine möglichst freie Bewegung in ihren Angelegenheiten gestattete, teilweise beantragten sie Beibehaltung oder Wiedereinführung der Gemeindeordnung vom 11. März 1850.

Weiter brachte eine Gruppe von Abgeordneten einen Abänderungsantrag nebst Motiven ein, wonach der Regierungsentwurf abgelehnt, und ein neuer die Materie durch eine Kodifikation erschöpfender Entwurf ausgearbeitet werden sollte.[3])

Die Motive dieses Antrages hielten eine

---
[1]) Verh. d. Abg., 1856, S. 351.
[2]) Verh. d. Abg., 1856, S. 372.
[3]) Verh. d. Abg., 1856, S. 364—371; 373—375.

Trennung von Stadt und Land für nicht vereinbar mit der geschichtlichen Entwicklung der Rheinlande, die seit einem halben Jahrhundert eine einheitliche Kommunalgesetzgebung gehabt hätten. Noch viel weniger könne hier eine Trennung begründet werden wegen der vorhandenen Entwicklung des Gewerbewesens und der Industrie, die in keiner anderen Provinz eine derartige Ausgleichung der Unterschiede zwischen Stadt und Land angebahnt hätten.[1])

Eine Novellengesetzgebung verfehle deshalb ihren Zweck, weil sie die Uebersicht über den Stoff erschwere, zumal das Gesetz doch einen brauchbaren und fasslichen Leitfaden für Bürger und Bauern bilden solle. Auch dürfe man die Verwaltung des Kommunalvermögens, das durch Grösse und verzwickte Formen bereits schwierig zu verwalten sei, nicht durch eine verwickelte Gesetzgebung noch mehr erschweren.

Die Gemeindeordnung von 1845 könne keineswegs mehr als Grundlage der Gemeindeverfassung erachtet werden, da inzwischen ein Gesetz Geltung gehabt habe, durch das den Gemeinden ein ungleich grösseres Mass von Freiheit gewährt worden sei. Ausserdem würden fast in allen Teilen der Monarchie neue Gesetze eingeführt, die den Gemeinden eine weit grössere Selbständigkeit gestatteten, als das Gesetz von 1845. Dieses Gesetz bleibe in seinen wesentlichen Bestim-

---
[1]) Verh. d. Abg., 1856, S. 374.

mungen über Gemeindeverordnete und Gemeindebeamte, Zustandekommen und Bedeutung der Gemeinderatsbeschlüsse, über die Tätigkeit des Gemeinderates und des Gemeindevorstehers und die Einmischung der Staatsbehörden in die Gemeindeangelegenheiten erheblich zurück hinter der Selbständigkeit in den neueren Gemeindegesetzen und auch hinter der Gemeindeverfassung der Nachbarprovinz Westfalen. Die Landgemeindeordnung für Westfalen gestatte den Gemeinden und Aemtern (Bürgermeistereien) die freie Wahl der Gemeinde- und Amtsverordneten (§§ 28, 75 WestfGO.), sie behandele alle Gemeinderatsbeschlüsse als verbindlich und lasse eine Anfechtung nur in gewissen Fällen und in bestimmten Formen zu (§§ 37, 50 WestfGO.). Ebenso verwalte die speziellen Gemeindeangelegenheiten in Westfalen ein aus der Gemeinde hervorgegangener und innerhalb derselben befindlicher Vorsteher (§ 41 WestfGO.). Eine Umarbeitung der Gemeindeordnung von 1845, welche beinahe die Hälfte der sämtlichen Paragraphen erfassen müsse, könne nicht mehr in Form einer Novelle geschehen.[1])

Die unbrauchbare Grundlage des Entwurfes der Gemeindeordnung müsse daher fallen gelassen und ein kodifiziertes Gemeindegesetz für die Landgemeinden und kleineren Städte der Rheinprovinz erlassen werden. Als Grundlage der neuen Arbeit könne der eine oder

---

[1]) Verb. d. Abg., 1856, S. 356.

der andere der vorhandenen Entwürfe für die westlichen Provinzen dienen.

Die Kommission zur Beratung der Gemeindeordnungsangelegenheiten des Abgeordnetenhauses nahm unter Ablehnung aller Anträge und Petitionen die Regierungsvorlage mit unwesentlichen Aenderungen an und empfahl dem Hause der Abgeordneten seine Annahme.[1]) In dem Berichte zur Begründung ihres Standpunktes hob die Kommission hervor, dass der Geist der Gemeindeordnung von 1845 in der Rheinprovinz noch fortlebe, insbesondere habe der rheinische Provinziallandtag noch im Jahre 1851 und ebenso die Gemeindeordnungskommission der zweiten Kammer von 1854 in ihrem Gutachten anerkannt, dass die Gemeindeordnung von 1845 den Verhältnissen der Rheinprovinz vollkommen entspreche und auch das richtige Mass der Selbstverwaltung und Unterstellung der Gemeinde unter die Aufsicht der Staatsbehörde enthalte. Indem der Bericht alle gegen die Gemeindeordnung von 1845 vorgebrachten Bedenken kurz auszuräumen suchte, erklärte er dann die Form der Novelle für die geeigneteste. Sie könne sich am besten an die bestehenden Rechtszustände wiederherstellend anschliessen und gewähre auch die Möglichkeit, die auf historischer Grundlage beruhenden Zustände zu erhalten. Eine Kodifikation berge die Gefahr in sich, bestehenden Zuständen nicht konforme Prinzipien aufzu-

---

[1]) Verh. d. Abg., 1856, S. 363 f.

drängen, zumal der Erlass eines vollständig umfassenden Gesetzes in so wichtigen eingreifenden Verhältnissen keine leichte Arbeit sei. Wegen der geringen Anzahl der vorgeschlagenen Zusatzbestimmungen werde aber durch eine Novelle zu der Landgemeindeordnung von 1845 eine erleichterte Auffassung der gebliebenen und neu hinzugekommenen Bestimmungen eher gewährleistet als durch jede andere Form.

Das Abgeordnetenhaus nahm dann den Regierungsentwurf mit den Zusätzen der Kommission an, welchem Beschluss auch das Herrenhaus beitrat. Unter dem 15. Mai 1856 wurde das Gesetz vollzogen und darauf verkündet.[1])

§ 15.
b) Der Inhalt des Gesetzes vom 15. Mai 1856.

Nach dem Gemeindeverfassungsgesetz wird die Gemeindeordnung vom 23. Juli 1845 auf diejenigen Gemeinden beschränkt, in denen die rheinische Städteordnung vom 15. Mai 1856[2]) nicht zur Anwendung kommt, d. h. sie wird in allen Landgemeinden eingeführt und in den sieben Städten: Geilenkirchen, Bendorf, Ehrenbreitstein, Brühl, Angermund, Grevenbroich und Baumholder. Mit dem Inkrafttreten am Tage seiner Verkündung verliert die Gemeindeordnung vom 11. März 1850 ihre Geltung. Ausnahmsweise bleiben die

---
[1]) GS. S., 435.
[2]) GS. S., 406.

nach letzterer Gemeindeordnung gewählten und ernannten Bürgermeister, Beigeordnete und Gemeindevorsteher, Beistände, sowie alle besoldeten Beamten bis zum Ablauf ihrer Amtsperiode im Amt (Art. 1, 28, 30).

Die zur Berücksichtigung eigentümlicher Verhältnisse erlassenen besonderen Statuten und Dorfordnungen dürfen den Gesetzen nicht widersprechen und unterliegen ausserdem der Bestätigung des Oberpräsidenten (Art. 4).

Von der Gemeindemitgliedschaft sind die Militärpersonen ausgeschlossen (Art. 5). Auch kann die Niederlassung in der Gemeinde von der Erhebung eines Eintrittsgeldes durch Beschluss des Gemeinderates abhängig gemacht werden (Art. 6).

Die Geldbeiträge der Gemeinden zur Dekkung ihrer Lasten können sowohl in Zuschlägen zu den vorhandenen Staatssteuern, als auch in Einführung oder Erhöhung besonderer, direkter oder indirekter Steuern bestehen. Die Steuer für den Gewerbebetrieb im Umherziehen darf nicht mit Zuschlägen belastet werden. Bei Zuschlägen zur Klassen- und klassifizierten Einkommensteuer muss der Teil des Gesamteinkommens, der aus dem in anderen Gemeinden gelegenen Grundeigentum oder gewerblicher Anlagen erzielt wird und in der Gemeinde, wo das Grundeigentum oder der Gewerbebetrieb liegt, einer besonderen Gemeindesteuer nach dem Einkommen unterworfen ist, bis zur Höhe dieses Betrages von den Zuschlägen der Wohnsitzgemeinde freigelassen werden. Uebersteigen die Zuschläge zu den direkten oder indirekten Steuern 50 Prozent der Staatssteuern, oder werden sie nicht nach gleichen Sätzen auf diese Steuern verteilt, so ist Genehmigung der Regierung erforderlich. Diese hat ausserdem zu bestimmen, wenn besondere direkte oder indirekte Steuern neu eingeführt, erhöht oder in ihren Grundsätzen verändert werden. Gegen Uebertretung der Regulative über Erhebung von Kommunalsteuern können durch besondere Verordnung Strafen bis zur Höhe von 10 Talern vorgesehen werden (Art. 7).

Auswärts wohnende Personen, die in der Gemeinde Grundbesitz haben oder ein stehendes Gewerbe betreiben, sind insoweit zur Tragung der Gemeindelasten verpflichtet, als Abgaben auf dem Grundbesitz oder das Gewerbe oder auf die aus diesen Quellen erzielten Einnahmen gelegt sind. Die gleiche Verpflichtung haben auch juristische Personen, die Grundeigentum besitzen oder ein stehendes Gewerbe betreiben (Art. 8).

Nur diejenigen Gemeindemitglieder gehören zu den Meistbeerbten, die selbständige preussische Untertanen sind, seit einem Jahr keine Armenunterstützung aus öffentlichen Mitteln empfangen und ihre Gemeindeabgaben bezahlt haben. Ausserdem müssen diese Personen entweder mit einem Wohnhause im Gemeindebezirk angesessen sein und von ihrem dortigen Grundbesitz einen Hauptsteuerbetrag von mindestens 2 Talern entrichten, oder die ihren Wohnsitz im Gemeindebezirk haben und entweder zur Einkommensteuer oder mit einem Jahresbeitrage von 3 Talern zur Klassensteuer veranlagt sind. Der Hauptsteuerbetrag und die Klassensteuer können bei eigentümlichen Verhältnissen mit Genehmigung des Oberpräsidenten bezw. durch Gemeindestatut bis auf 2 Taler ermässigt werden. Steuerzahlungen und Grundbesitz der Ehefrau werden dem Ehemanne, die der Minderjährigen dem Vater zugerechnet (Art. 11).

Verlust des Gemeinderechts tritt ein bei rechtskräftiger Aberkennung der bürgerlichen Ehre, die auch die Fähigkeit ausschliesst, dasselbe wieder zu erwerben. Bei einem Konflikt mit den Strafgesetzen, bei Konkurs oder Zahlungsunfähigkeit, ruht das Gemeinderecht, so lange als ein derartiger Zustand andauert. Unabhängig hiervon geht es verloren, sobald eines der vorgeschriebenen Erfordernisse fortfällt (Art. 12).

An Stelle der früheren geheimen Wahl mittels verdeckter Stimmzettel ist die öffentliche getreten, durch mündliche Erklärung zu Protokoll, wobei jeder Wähler so viele Personen zu bezeichnen hat, als zu wählen sind. Stellvertreter, welche bei Behinderung der Gemeindeverordneten diese zu vertreten hatten, kennt das Gesetz nicht mehr.

Der Umfang der Geschäfte des Bürgermeistereirates ist bestimmt umgrenzt worden, indem alle Angelegenheiten, bei denen mehrere Gemeinden beteiligt sind, zum Geschäftskreise der Bürgermeistereiversammlung gehören. Jedoch haben bei der Beratung nur die Vertreter der interessierten Gemeinden mitzuwirken. Bei gemeinsamen Angelegenheiten mehrerer Gemeinden aus verschiedenen Bürgermeistereien wird ein Bürgermeistereirat aus den beteiligten Gemeinden gebildet. Hierbei führt der Bürgermeister, in dessen Bezirk der Gegenstand des gemeinsamen Interesses liegt, sonst der ältere den Vorsitz (Art. 15). Zur Beschlussfähigkeit des Gemeinderates wie der Bürgermeistereiversammlung genügt jetzt die Anwesenheit von mehr als der Hälfte der Mitglieder (Art. 16). Die Beschlüsse des Gemeinderates sind mit den Namen der anwesend gewesenen Mitglieder in ein besonderes Buch einzutragen und von dem Vorsitzenden und mindestens drei Mitgliedern zu unterzeichnen (Art. 17.).

Für die Gemeindeverordneten besteht die Pflicht, den Versammlungen regelmässig beizuwohnen. Mitglieder, die dreimal hintereinander unentschuldigt den Sitzungen fernbleiben, können durch Beschluss der Vertretungen ausgeschlossen werden. Dieser Beschluss unterliegt der Genehmigung der Aufsichtsbehörde (Art. 18).

Der Gemeindevorsteher wird nach Vernehmung der gutachtlichen Vorschläge des Bürgermeisters vom Landrat aus den Mitgliedern des Gemeinderates ernannt. Er muss im Gemeindebezirk wohnen und die nötigen Kenntnisse besitzen. Auf Personen, die das Vertrauen der Gemeinde vorzugsweise geniessen, soll besonders Rücksicht genommen werden. Für Behinderungsfälle wird ein Stellvertreter (Beistand) unter gleichen Voraussetzungen ernannt (Art. 20). Die Festsetzung der Entschädigung des Vorstehers unterliegt der Genehmigung der Regierung, falls sie mehr als einen Silbergroschen auf den Kopf der Bevölkerung beträgt (Art. 21).

Jedes Gemeindemitglied ist verpflichtet, eine unbesoldete Stelle in der Gemeindeverwaltung oder das Amt eines Stellvertreters anzunehmen und drei Jahre lang zu versehen. Zur Ablehnung eines Amtes von vornherein berechtigen nur festgesetzte Entschuldigungsgründe, wie anhaltende Krankheit, Geschäfte mit häufiger und langer Abwesenheit, Alter von 60 Jahren. Weigert sich jemand bei Nichtvorliegen dieser Gründe ein Amt anzunehmen, so kann er des Gemeinderechts auf drei bis sechs Jahre für verlustig erklärt oder um ein Achtel bis ein Viertel stärker zu den Gemeindelasten herangezogen werden.

Der Gemeinderat, sofern er nicht aus sämtlichen stimmberechtigten Gemeindemitgliedern besteht, und die Bürgermeistereiversammlung können durch Königliche Verordnung aufgelöst werden. In diesem Falle hat binnen sechs Monaten eine Neuwahl stattzufinden. Bis zur Einführung der Neugewählten sind zur Wahrnehmung der Verpflichtungen der Vertretungen vom Minister des Inneren Kommissare zu bestellen (Art. 28).

Im übrigen bewendet es bei der Gemeindeordnung von 1845.

§ 16.
c) Die Bedeutung des Gemeindeverfassungsgesetzes.

Von wenigen Aenderungen abgesehen, hat das Gemeindeverfassungsgesetz die Gemeindeordnung von 1845 wieder ganz zur Geltung gebracht.

Die Art und Weise sowie die Reihenfolge, in der die Gemeinden ihre in Geldleistungen bestehenden Abgaben erheben können, ist bestimmt geregelt. Der Kreis der Meistbeerbten, der sich früher nur aus Grundbesitzern zusammensetzte, umfasst jetzt auch diejenigen Einwohner, die, ohne Grundbesitzer zu sein, im Gemeindebezirk wohnen und einen bestimmten Betrag an Klassensteuer entrichten. Die Umwandlung der Wahl in eine mündliche und öffentliche ist vom Standpunkte der geringeren Gemeindewähler aus keineswegs zu begrüssen. Die wirtschaftlich Abhängigen werden jetzt behindert in der freien Abgabe der Stimmen, die sie, um nicht materielle Nachteile zu erleiden, im Sinne derjenigen abzugeben sich veranlasst fühlen, die ihnen bei Förderung ihrer wirtschaftlichen Existenz nützlich sind.

Der Grundbesitz hat seine alte bevorrechtigte Stellung wiedererlangt, und zwar durch die Bestimmung, dass die grösseren Grundbesitzer mit 150 Mark Grundsteuer mit Inkrafttreten des Gemeindeverfassungsgesetzes wieder geborene Mitglieder des Gemeinderates und der Bürgermeistereiversammlung sind.

Die streitige Frage, ob den Meistbegüterten ausser ihrer geborenen Mitgliedschaft zu den Gemeindevertretungen noch Teilnahme am aktiven Wahlrecht zustehe, falls sie die vorgeschriebenen Bedingungen erfüllen, ist durch die Ausführungsverordnung vom 18. Juni 1856 (§ 4) und die Rechtsprechung zu ihren Gunsten entschieden worden.[1]) Diese Bevorzugung entbehrt der Berechtigung, da die Meistbeerbten einmal schon Gemeindevertreter sind und ausserdem nach dem Dreiklassenwahlrecht entsprechend ihrer Steuerleistung einen bedeutenden Einfluss auf die Besetzung des Gemeinderates ausüben, indem einige wenige Wähler der ersten Abteilung die gleiche Zahl Verordneten wählen, wie die Vielen der dritten Abteilung. Die Billigkeit spricht für einen Ausgleich, der den Besitzern industrieller Unternehmen, die vielfach an Klassen- und Gewerbesteuern weit höhere Beträge entrichten, als 150 Mark zugestanden werden muss. Würden aber beide Klassen, Grundbesitzer und Industrielle, die geborene Mitgliedschaft zu den Gemeindevertretungen besitzen, so würde dies ein erdrückendes Uebergewicht gegenüber den gewählten Verordneten bedeuten, was noch weniger berechtigt wäre. Industrie und Grundbesitz üben schon durch die Vorzüge, die ihnen das Dreiklassensystem gewährt, und durch die Menge der von ihnen abhängigen Existenzen einen ihren Abgaben entsprechenden Einfluss auf die Gemeindever-

---
[1]) MBl., JV., S. 161; OVG., XXXII, 93; XXXI, 32; LXII, S. 131.

waltung aus. Ein Ansatz zu dem erst in der Gegenwart endgültig geregelten Institut des Zweckverbandes findet sich im Artikel 15. Er gibt Gemeinden, die verschiedenen Kommunalverbänden angehören, bei denen aber gewisse Angelegenheiten von gemeinsamem Interesse sind, die Möglichkeit, sich zu besonderen Verbänden zu vereinigen. Die gemeinsamen Angelegenheiten werden von einem besonders zu bestimmenden Bürgermeister verwaltet und von einer besonderen Versammlung aus Vertretern der beteiligten Gemeinden beraten. Mit dieser Regelung der Verwaltung und Vertretung der gemeinschaftlichen Angelegenheiten sind die Bestimmungen dieses besonderen Bürgermeistereiverbandes erschöpft. Es fehlen der Vereinigung somit einmal die Rechte einer öffentlichen wie privatrechtlichen Korporation, ferner mangelt es gänzlich an Bestimmungen, welche die Kostenfrage und deren Verteilung auf die einzelnen Gemeinden regeln. Das Mass der Beteiligung, der Umfang der Rechte und Pflichten der einzelnen Gemeinden sowie Bestimmungen über Auflösung und Auseinandersetzung können daher nur durch Vertrag mit den Einzelnen festgelegt werden. Dieser Verband unterscheidet sich demnach wesentlich von dem Zweckverband der Gemeindeordnung für die östlichen Provinzen und auch von dem nach dem Zwecksverbandsgesetz vom 19. Juli 1911 umfassend geregelten und unten noch näher zu erörternden Verbande.

Wenn auch viele Abänderungsvorschläge zur Erweiterung der Selbständigkeit der Gemeinden nicht berücksichtigt wurden, so hat doch die Verwaltung während der mehrere Jahrzehnte langen Geltungsdauer mit der Entwicklung der Landgemeinden einen ungeahnten Fortschritt zu verzeichnen, der freilich in erster Linie auf den ungeheuern wirtschaftlichen Aufschwung zurückzuführen ist.

4. Abschnitt.
Die Verwaltungsreform der 80er Jahre und die Abänderungen durch spätere Gesetze.

§ 17.
a) Vorgeschichte der Reformen.

War man schon beim Inkrafttreten des Gesetzes vom Jahre 1856 nicht sonderlich zufrieden mit der bestehenden Gemeindeverfassung, so wurde der Ruf nach Reform der Gemeindeverwaltung stärker, je mehr sich die Landgemeinden entwickelten und je mehr man erkannte, welche Bestimmungen der Selbstverwaltung zweckdienlich waren und welche einer praktischen Bedeutung entbehrten.

Die Regierung beabsichtigte kommunale Vertretungen der Kreise und Provinzen aus der besitzenden Klasse zu bilden, ohne den

Einfluss des Grundbesitzes einzuschränken. Die allgemeine Landesverwaltung sollte dagegen in der Hand von Beamten verbleiben. Demnach beschränkte man sich darauf, in den kommunalen Vertretungen zeitgemässe Aenderungen herbeizuführen.[1)]

Der Grundbesitz, der natürlich an dem bisherigen System festhielt, verlangte eine Erweiterung der Rechte der kommunalen Vertretungen und eine Verminderung der staatlichen Aufsicht. Die Kapitalisten dagegen traten energisch für kommunale Vertretungen im Sinne der Kreis-, Bezirks- und Provinzialordnung vom 11. März 1850 ein, sie verlangten möglichste Selbständigkeit in der Verwaltung und Unabhängigkeit derselben von staatlicher Einwirkung. Vor allem forderten sie Zuteilung der Polizei an die Gemeinden.

Die Annahme der Vorschläge der einen Klasse seitens der Regierung würde notwendigerweise die grösste Unzufriedenheit bei der anderen zur Folge gehabt haben. Das war natürlich nicht mit dem Staatsinteresse vereinbar. Es musste also ein System ausgearbeitet werden, das den Forderungen beider Teile entgegenkam. So gelangte man zu einer Verwaltungsreform, die schliesslich — wenn auch nach harten Kämpfen — als Ausgleich der widerstreitenden Interessen gebilligt wurde. Für die östlichen Provinzen begann man zuerst mit der Einführung der Reformen. Bei

---
[1)] Bornhak, Verwaltungsrecht III, S. 297.

Ausdehnung der neuen Gesetze auf die neuen und westlichen Provinzen musste erwogen werden, ob die speziell für den Osten erlassenen Gesetze auf die übrigen Provinzen bei der grundverschiedenen geschichtlichen Entwicklung und den verschiedenartigen sozialen Verhältnissen ohne Aenderungen eingeführt werden konnten.[1]) Das Ergebnis war, dass für jede Provinz eine besondere Kreis- und Provinzialordnung erlassen, dagegen die allgemeinen Staatsverwaltungsgesetze für die ganze Monarchie eingeführt werden sollten. Da in Rheinland und Westfalen die Schwierigkeiten erheblicher waren als in den anderen Provinzen, so kamen hier die neuen Gesetze erst später zur Einführung. Zudem glaubte man in der Rheinprovinz wegen ihrer zusammengewürfelten industriellen Bevölkerung, die einen erheblichen Teil der Provinz ausmachte, nicht auf eine energische Polizeiverwaltung durch Berufsbeamte verzichten zu können. Es war daher zu erwarten, dass die Reformen keine wesentlichen Aenderungen der Gemeinde- und Bürgermeistereiverwaltung herbeiführen, sondern sich lediglich auf Aenderungen in den höheren Kommunalbehörden erstrecken würden.

§ 18.
b) Der Inhalt der Reformen.
Am 1. April 1888 traten in Kraft:
1. die Kreisordnung vom 30. Mai 1887;[2])

---
[1]) Bornhak, Verwaltungsrecht III, S. 316.
[2]) GS. S., 209.

2. die Provinzialordnung für die Rheinprovinz vom 1. Juni 1887;[1])
dann am 1. Juli 1888
1. das Gesetz über die allgemeine Landesverwaltung vom 30. Juli 1883 nach § 155 d. G.;[2])
2. das Gesetz über die Zuständigkeit der Verwaltungs- und Verwaltungsgerichtsbehörden vom 1. August 1883 nach § 163 d. G.[3])
Diese Gesetze bilden in Verbindung mit der Gemeindeordnung vom 1845/56 von jetzt ab die Grundlage der gesamten Staats- und Selbstverwaltung der Rheinprovinz.

Durch die Neuorganisation wurde ein den östlichen Provinzen entsprechender Zustand herbeigeführt. Den Umfang der Selbstvertung berührte sie an sich wenig. Die Staatsaufsicht erfuhr dagegen umfassende Veränderungen. Eine Reihe von Angelegenheiten, die für die Landgemeinden, wie auch für den Einzelnen, von grosser Bedeutung sind, wird nicht mehr ausschliesslich von einzelnen Staatsbeamten allein geregelt und entschieden.

Die Grundlagen der Gemeindeverfassung sind nur in wenigen Punkten abgeändert. Die obengenannten sieben Städte, die nach der Landgemeindeordnung verwaltet wurden, wurden jetzt den Landgemeinden gleichgeachtet (§ 21 KrO.). Von jenen hat neuerdings

---
[1]) GS. S., 258.
[2]) GS. S., 195.
[3]) GS. S., 237. Weitere Literaturausgaben siehe oben § 10 Anmerkung 1.

Brühl die Städteordnung erlangt.[1]) Das Stadtrecht erlangen die Landgemeinden auf ihren Antrag hin nach Anhörung des Provinziallandtages durch Königliche Verleihung (§ 21 KrO. Abs. 2). Hierdurch ist Vorsorge getroffen, dass auch solchen Gemeinden, die auf dem Provinziallandtage im Stande der Städte nicht vertreten waren, die Städteordnung verliehen werden kann. Mit Einführung der Provinzialordnung war in der Rheinprovinz die ständische Organisation und somit auch der Stand der Städte beseitigt worden und mithin eine Aufnahme von Gemeinden in diesen Stand, die nach § 1 der Städteordnung Vorbedingung zur Erlangung der Städteverfassung war, nicht mehr möglich.

Besteht noch das Bedürfnis, früher gesonderten Gemeinden ihre Selbständigkeit zurückzugeben, so entscheidet hierüber der Oberpräsident auf den Bericht des Regierungspräsidenten hin (§ 18 LV.). Die Vereinigung kommunalfreier Grundstücke, sowie den Erlass besonderer Gemeindestatuten bestimmt der Kreisausschuss (§ 31 Abs. 1 ZG.). Bei Grenzveränderungen der Landbürgermeistereien entscheidet der Minister des Innern im Einvernehmen mit dem Bezirksausschuss nach Anhörung der Beteiligten und des Kreistages (§ 22 KrO.). Ueber die infolge einer Grenzveränderung notwenig gewordene Auseinandersetzung der unteren Kommunalverbände beschliesst der Kreisausschuss, gegen dessen

---

[1]) Köngl. Ver., 12. 4. 1910.

Entscheidung Klage im Verwaltungsstreitverfahren zulässig ist (§ 25 Abs. 4 KrO.).

Infolge der Veränderung des Steuerwesens muste auch der Zensus, der Vorbedingung zur Erlangung des Gemeinderechts war, neu bestimmt werden.[1]) Demnach ist jetzt ein geringster Grund- und Gebäudesteuerbetrag von 6 Mark erforderlich, der ausnahmsweise mit Genehmigung des Kreisausschusses niedriger gesetzt werden kann. Ferner genügt auch Veranlagung zur Staatseinkommensteuer oder zu einem fingierten Normalsteuersatz von 4 Mark oder ein Einkommen von 600 bis 900 Mark.[2]) Hat jemand ein unbesoldetes Amt während der regelmässigen Amtsdauer versehen, so kann er die Wiederannahme desselben oder eines gleichartigen für die nächsten drei Jahre ablehnen (§ 24 Ab. 5 KrO.). Für das Amt eines Ehrenbürgermeisters wird als genügender Ablehnungsgrund die Grösse des Geschäftsumfanges angesehen, wenn dieser nach Ermessen des Kreisausschusses die an ein Ehrenamt zu stellenden Ansprüche übersteigt (§ 25 KrO.).

Die Zuständigkeit des Gemeinderates hat eine geringe Erweiterung erfahren. Ohne dass der Beschluss der Bestätigung des Gemeindevorstandes oder der Aufsichtsbehörde bedarf, entscheidet die Gemeindevertretung

---

[1]) § 1 d. G. betr. anderweitige Regelung der Grundsteuer v. 31. 5. 1861 (GS. S., 317); § 5 d. G. betr. Aufhebung d. dir. Staatssteuern v. 14. 7. 1893 (GS. S., 119).

[2]) § 77 EStG. v. 24. 6. 1891.

allein über folgende Punkte: Ueber Streitigkeiten betreffs Besitz und Verlust des Gemeinderechts, sowie über Teilnahme und Ausübung desselben, über die Berechtigung der Ablehnung oder Niederlegung von Aemtern, sowie schliesslich über Massnahmen gegen Mitglieder, die ihren aus dem Gemeinderecht entspringenden Pflichten nicht nachkommen. Gegen einen derartigen Beschluss findet nur Klage im Verwaltungsstreitverfahren statt, wobei die Gemeinde zur Wahrnehmung ihrer Rechte einen besonderen Vertreter stellen kann (§§ 27, 28 ZG.).

Der Gemeindevorsteher und sein Stellvertreter (Beistand) werden auf die Dauer von sechs Jahren aus der Zahl der stimmberechtigten Gemeindemitglieder von dem Gemeinderate mit absoluter Stimmenmehrheit gewählt. (§ 23 KrO.). Bei Einsprüchen gegen die Gültigkeit dieser Wahl entscheidet die Gemeindevertretung oder, falls eine solche nicht vorhanden ist, der „Gemeindevorstand" (§ 27 ZG.). Den Ausdruck „Gemeindevorstand" kennt zwar die rheinische Landgemeindeordnung nicht, und man kann zweifelhaft sein, ob hiermit der Bürgermeister oder der Gemeindevorsteher gemeint ist. Als Gemeindevorstand kann indessen nur derjenige angesehen werden, der der Vertreter der Gemeinde nach aussen ist, die Leitung der ganzen Gemeindeverwaltung in seiner Hand hat und zur selbständigen Ausübung obrigkeitlicher Befugnisse den Gemeindeangehörigen gegenüber berufen ist. Diese Bedingungen treffen aber nur bei dem rheinischen Bürgermeister zu.[1])

Der Bürgermeister entscheidet auf Beschwerden und Einsprüche hin über das Recht der Mitbenutzung der öffentlichen Gemeindeanstalten, sowie über Teilnahme an den Nutzungen und Erträgen des Gemeindevermögens, über Heranziehung und Veranlagung zu den Gemeindelasten, über besondere Rechte und Verpflichtungen zu den vorher erwähnten Verbindlichkeiten, die einzelne örtliche Teile des Gemeindebezirks oder einzelne Klassen der Gemeindeangehörigen besitzen (§ 34 ZG.). Er kann Beschlüsse des Gemeinderates oder der Bürgermeistereiversammlung, die ihre Befugnisse überschreiten oder die Gesetze verletzen, mit Angabe von Gründen unter aufschiebender Wirkung beanstanden, wogegen die Gemeindevertretung Klage beim Kreisausschuss erheben kann (§ 29 ZG.).

Der Bürgermeisterversammlung ist jetzt wenigstens ein kleiner Einfluss auf die Ernennung des wichtigen Beamten der Bürgermeisterei eingeräumt, da ihre Wünsche vom Kreisausschuss zu hören sind, ehe dieser Bürgermeister oder Beigeordneten dem Oberpräsidenten in Vorschlag bringt. Desgleichen hat sich die Bürgermeistereiversammlung zu äussern bei Uebertragung der kommissarischen Verwaltung der Bürgermeisterei an den

---

[1]) Dasbach, S. 81 f.; Schmidt, Gemeindeverfassung, 2. Aufl., S. 197 f.

Bürgermeister einer benachbarten ländlichen oder städtischen Bürgermeisterei (§ 24 KrO.). Alle Unterbeamten der Bürgermeisterei, soweit letztere nicht nur aus einer Gemeinde besteht, wählt ebenfalls die Bürgermeistereiversammlung (§ 26 KrO.). Sie ist ferner über die Festsetzung der Besoldung und Dienstkostenentschädigung der Bürgermeister oder Ehrenbürgermeister vor der Entscheidung durch den Kreistag zu hören (§ 24 KrO.). Die Wahl der Kreistagsabgeordneten der Landbürgermeisterei nimmt die Bürgermeistereiversammlung vor und wählt bei Vereinigung mehrerer Bürgermeistereien zu einem Wahlverbande auf je 250 Einwohner einen Wahlmann (§ 46 KrO.).

Die Aufsicht des Staats über die Gemeinden und Bürgermeistereien wird in erster Instanz vom Landrat in seiner Stellung als Vorsitzender des Kreisausschusses ausgeübt (§ 24 ZG.). Er ist regelmässig in den Fällen zuständiges Organ, die früher zu den Obliegenheiten der Regierung gehörten. Der Landrat hat die Gemeindevorsteher, ihre Stellvertreter, sowie die Unterbeamten und Diener der Gemeinden, soweit sie nicht bloss zu mechanischen Dienstleistungen erforderlich sind, zu bestätigen. Diese Bestätigung kann er nur unter Zustimmung des Kreisauschusses versagen (§ 36 ZG.). Unterlässt oder verweigert es eine Gemeinde, die ihr gesetzlich obliegenden Leistungen auf den Haushaltsetat zu bringen oder ausserordentliche zu genehmigen, so steht dem Landrat das

Recht der Zwangsetatisierung zu (§ 34 ZG.). Er hat die Befugnis, gegen Gemeindevorsteher, Gemeindebeamte und Bürgermeister mit Ausnahme der Ehrenbürgermeister Ordnungsstrafen zu verhängen (§ 35 ZG.).

Die wesentlichsten Aufsichtsfunktionen gegenüber den Gemeinden übt der K r e i s - a u s s c h u s s aus. Er setzt sich zusammen aus dem Landrat als Vorsitzenden und sechs vom Kreistag auf sechs Jahre gewählten Kreisangehörigen. Zur Beschlussfassung genügt die Anwesenheit von zwei Mitgliedern und des Vorsitzenden. Der Kreisausschuss genehmigt die Beschlüsse der Gemeindevertretungen bei Erlass von Ortsstatuten und Dorfordnungen bei Abgaben und Diensten und deren Veränderung, bei Zuschlägen zu indirekten Steuern, bei Zuschlägen zu direkten Steuern, falls diese 50 % übersteigen oder nicht nach gleichen Sätzen auf die Steuern verteilt sind (§ 31 ZG.). Er entscheidet weiter über Einführung oder Erhöhung von Abgaben für die Teilnahme an den Gemeindenutzungen, sowie über Einführung eines Einkaufgeldes und Herabsetzung des zur Erlangung der Gemeindemitgliedschaft erforderlichen Steuersatzes unter den Betrag von 6 Mark (§ 31 ZG.). Er beschliesst über eine dem Gemeindevorsteher zu gewährende Dienstkostenentschädigung, soweit diese 10 Pfennig auf den Kopf der Bevölkerung übersteigt, ferner über Bewilligung ausseretatsmässiger Ausgaben (§ 32 ZG.). Er gibt seine Zustimmung, wenn bei freiwilliger Veräusserung von Gemeindegrundstücken oder Realberechtigungen im Wege der öffentlichen Versteigerungen der Taxwert durch das Meistgebot nicht erreicht ist, sowie zur Erteilung des Zuschlages. Er gibt seine Genehmigung zur Veräusserung von Gemeindegrundstücken oder Realberechtigungen mittelst freihändigen Verkaufs oder Tauschs oder bei Verteilung solcher Grundstücke unter die Beteiligten. Ferner beschliesst er über Vereinigung einzelgelegener, noch keiner Gemeinde angehörender, Grundstücke mit einer Gemeinde und bei Grenzveränderung der Gemeinden über die Auseinandersetzung zwischen den Beteiligten; sowie vorläufig bei anhängigen Verwaltungsstreitverfahren über bestehende Gemeindegrenzen und über die Eigenschaft einer Ortschaft als Gemeinde (§§ 25, 26 ZG.). Er bestimmt die Anzahl der Mitglieder des Gemeinderates, die aus jeder einzelnen Ortschaft einer Gemeinde zu wählen sind (§ 32 ZG.). Er gestattet Ausnahmen von der Vorschrift, dass wenigstens die Hälfte der Gemeindeverordneten aus Grundbesitzern bestehen soll (§ 31 ZG.). Er beschliesst sodann an Stelle des wiederholt beschlussunfähigen oder aufgelösten Gemeinderates über Meinungsverschiedenheiten zwischen dem Gemeinderate und dem Bürgermeister, über Feststellung und den Ersatz der vorkommenden Defekte, über die Art der gerichtlichen Zwangsvollstreckungen wegen Geldforderungen gegen die Gemeinde (§§ 32 u. 33 ZG.). Er entscheidet über Aufnahme von Anleihen und deren

Prolongation, sowie über Abweichungen von dem genehmigten Tilgungsplan, über Verwendung von Kapitalien, über den Ankauf von Grundstücken, über Anstellung von Prozessen, über Berechtigung der Gemeinde oder über die Substanz des Gemeindevermögens oder über ausserprozessuale Vergleiche über ebengenannte Gegenstände, sowie über Schenkungen oder einseitige ausserprozessuale Verzichtleistungen seitens der Gemeinde (§ 31 ZG.). Ferner steht ihm das Recht der Verhängung von Ordnungsstrafen gegen den Ehrenbürgermeister zu (§ 34 KrO.).

Die Staatsaufsicht zweiter und letzter Instanz über die Bürgermeistereien und Gemeinden übt der Regierungspräsident aus (§§ 48 LV.; 71, 74, 92, 93 KrO.; 5, 7, 24 ZG.). Beschlüsse des Gemeinderates und der Bürgermeistereiversammlung über Veräusserung und wesentliche Veränderung von Gegenständen, die einen besonderen wissenschaftlichen, historischen oder künstlerischen Wert darstellen, insbesondere von Archiven, bedürfen seiner Genehmigung (§§ 16, 30 ZG.).

Der Oberpräsident ernennt die Bürgermeister und Beigeordneten und trifft Anordordnungen über die kommissarische Verwaltung der Bürgermeistereien. Mit Zustimmung des Provinzialrates kann er von den Vorschlägen des Kreisausschusses hinsichtlich der Ernennung der Bürgermeister abweichen.

Verweigert der Provinzialrat seine Zustimmung bei Abweichung des Oberpräsidenten von den Vorschlägen des Kreisausschusses, so entscheidet der Minister des Innern an Stelle des Provinzialrates (§ 24 KrO.). Gleichfalls entscheidet der Minister über Veränderung der Landbürgermeistereien (§ 22 KrO.). Bei Gemeindebeschlüssen über Einführung oder Veränderung von direkten oder indirekten Gemeindesteuern ist ausser der Zustimmung des Ministers des Innern, diejenige des Finanzministers erforderlich (§ 31 ZG.).

§ 19.
c) Abänderungen durch spätere Gesetze.

Durch die Reform der Steuergesetzgebung trat eine Verschiebung zu Ungunsten der unteren Wählerabteilungen bei den Gemeindewahlen ein, da nach dem Grundprinzip des Einkommensteuergesetzes vom 24. Juni 1891[1]) und Ergänzungssteuergesetzes vom 14. Juli 1893[2]) die besser bemittelten Steuerzahler zu Gunsten der Minderbegüterten bedeutend stärker belastet waren.[3]) Die notwendige Folge hiervon war eine mehr oder minder grosse Verschiebung der einzelnen Wählerabteilungen. In manchen Gemeinden bestand somit die erste Abteilung nur aus einem einzigen Wähler, der dann die gleiche Zahl von Gemeindeverordneten zu wählen hatte, wie die grosse Zahl der Wähler der dritten Abteilung. Das Gesetz vom 29. Juli 1893 betr. Aenderung des Wahlverfahrens[4]) suchte daher schon

---
[1]) GS. S., 175.
[2]) GS. S., 134.
[3]) Schmidt, Gemeindeverfassung, II. Aufl., S. 96.
[4]) GS. S., 103.

8*

den mittleren Klassen diejenige Einwirkung auf die Gemeindewahlen zu gewähren, die man ihnen vor der Steuerreform zugestanden hatte. Freilich konnte das Gesetz diesen Zweck nicht in hinreichendem Masse erreichen.

Ein neues Gesetz über Aenderungen des Wahlverfahrens vom 30. Juni 1900[1]) verfolgt den gleichen Zweck, wie das Gesetz vom 23. Juni 1893, und legt der Einstellung in die drei Wählerabteilungen die Gesamtsteuerleistung eines Wählers an direkten Staats-, Gemeinde-, Kreis- und Provinzialsteuern zugrunde (§ 1). Eine nicht zur Staatseinkommensteuer veranlagte Person ist mit einem Betrag von drei Mark in Ansatz zu bringen. Diese Bestimmung hat jedoch keine Erweiterung des Kreises der Wahlberechtigten zur Folge, da sich, nach wie vor, das aktive Wahlrecht nach §§ 33, 34 der Gemeindeordnung richtet. Sie findet daher nur bei den Meistbeerbten Anwendung, die ohne Veranlagung zur Staatseinkommensteuer einen Anspruch auf Aufnahme in die Wählerliste haben (§ 1 Abs. 2). Steuern aus auswärtigem Grundbesitz oder Gewerbebetrieb, die in keinem Zusammenhang mit der Gemeinde des Wahlortes stehen, bleiben auch fürderhin in Ansatz, um zu vermeiden, dass ein Meistbeerbter, der im Besitz des Gemeinderechts von zwei Gemeinden sich befindet, wegen seines in der einen Gemeinde gelegenen grossen Besitzes oder dortigen Einkommens auf die Bil-

---

[1]) Schmidt, Gemeindeverfassung, III. Aufl., S. 109 ff.; Dasbach, S. 64—67.

dung des Gemeinderates der anderen Gemeinde, in der er nur wenige Steuern entrichtet, einen überwiegenden Einfluss ausübt.[1] Da Grund- und Gebäudesteuer als Staatssteuer nicht mehr entrichtet werden,[2] können auch ihre Beträge nicht mehr eingetragen werden und ihre Veranlagung bleibt nur zur Beurteilung der Wahlberechtigung massgebend. In dem wohl äusserst selten vorkommenden Falle, dass Gemeinden keine direkten Staatssteuern, also weder Zuschläge zur Staatseinkommensteuer noch besondere Steuern erheben, tritt an deren Stelle die veranlagte Grund- und Gebäude- und Gewerbesteuer. Alle nicht zur Staatseinkommensteuer veranlagten Personen werden statt der Steuer mit einem Betrage von drei Mark eingesetzt, sind Wähler der dritten Abteilung und werden in diese zurückversetzt, falls sie in einer höheren Klasse eingetragen sind.

In Gemeinden von über 10 000 Einwohnern werden die Wählerklassen zunächst nach der Vorschrift des § 1 des Gesetzes vom 30. Juli 1900 gebildet. Jeder Wähler der dritten Klasse, dessen Steuerbetrag mehr beträgt, als der auf einen Wähler in der ganzen Gemeinde entfallende durchschnittliche Steuerbetrag, rückt in die zweite Klasse auf. Dadurch erhöht sich die auf diese Klasse entfallende Steuer. Zur Ausgleichung wird daher die nach Abzug der in der dritten Abteilung verbleibenden Gesamtsteuer noch übrige

---
[1] OVG. XXVII, 97; XXVIII, 103.
[2] Gesetz v. 14. 7. 1893; GS. S., 119.

Summe halbiert und auf die erste und zweite Klasse gleichmässig verteilt. Die höhere Abteilung darf aber niemals mehr Wähler zählen als die niedere. Bei Berechnung des durchschnittlichen Steuerbetrages bleiben die zur Staatseinkommensteuer nicht veranlagten Wähler ausser Ansatz. Befindet sich in der dritten Abteilung kein Wähler, dessen Steuerbetrag höher ist als der erwähnte Durchschnittsbetrag, so verbleibt es bei den Bestimmungen des § 1 dieses Gesetzes (§ 2). Von diesem Durchschnittsprinzip kann in diesen Gemeinden insoweit abgewichen werden, als entweder an Stelle des auf einen Wähler entfallenden durchschnittlichen Steuerbetrages der eineinhalbfache Durchschnitt gesetzt oder die Steuern derartig auf die einzelnen Klassen verteilt werden, dass auf die erste Klasse Fünfzwölftel, die zweite Vierzwölftel und die dritte Dreizwölftel der Gesamtsteuer entfallen (§ 3). Ueber diese Abänderung beschliesst die Gemeindevertretung, deren Beschluss der Bestätigung des Kreisausschusses unterliegt.

Die Gemeindeabgaben, deren Feststellung, Umfang, Erhebung und Eintreibung bestimmen sich gegenwärtig nach dem Kommunalabgabengesetz vom 14. Juli 1893,[1]) vom 30. Juli 1895 und 24. Juli 1906.[2]) Hiernach sind die Gemeinden zur Deckung ihrer Ausgaben und Bedürfnisse, Gebühren und Beiträge, direkte und indirekte Steuern zu erheben, und

---
[1]) GS. S., 152.
[2]) GS. S., 409, 376; Schmidt, Gemeindeverfassung, 3. Aufl. 345, 452; Dasbach, S. 250—306.

ausserdem Leistung von Naturaldiensten zu verlangen berechtigt (§ 1 KAG.). Die genannten Abgaben dürfen nur erhoben werden in der Reihenfolge, dass zunächst Deckung aus dem Gemeindevermögen, dann aus den Gebühren und Beiträgen und den vom Staat oder anderen Kommunalverbänden überwiesenen Mitteln zu suchen ist. Erst wenn diese Quellen nicht ausreichen, dürfen indirekte Steuern erhoben werden, während die Erhebung direkter Steuern nur als letzter Notbehelf in Betracht kommen soll (§ 2 KAG.). Durch Gemeindebeschluss können die Steuerpflichtigen zu Handdiensten herangezogen werden, deren Höhe sich entweder nach Vertrag oder nach statutarischen Feststellungen regelt. Im Zweifel befreit die Leistung von Spanndiensten von den Handdiensten, auch ist Stellvertretung zugelassen (§ 68 KAG.). Die Gemeinde kann Leistung von entsprechenden Geldbeiträgen an Stelle der Naturaldienste gestatten, auch können die von Gemeindeabgaben ganz oder teilweise befreiten Steuerpflichtigen zu Handdiensten herangezogen werden (§ 38 KAG.). Es steht den Gemeinden frei, den Grundbesitz mit Einführung besonderer Steuern zu belasten, soweit nicht die besonders genannten Arten von Grundbesitz in diesem Gesetz ausgenommen sind (§§ 21, 25 KAG.). Kommen die Pflichtigen mit der Leistung der Naturaldienste in Verzug, so kann der Gemeindevorstand die Dienste durch Dritte leisten und die Kosten von den Pflichtigen in gleicher Weise, wie die übrigen Abgaben im Verwaltungszwangsverfahren, beitreiben lassen (§ 90 KAG.).

§ 20.

d) Kritischer Ueberblick über die gesamten Reformen.

Die Verwaltungsreformen hatten vorwiegend die Organisation der höheren Kommunalverbände, der Kreise und Provinzen, sowie die Regelung der Zuständigkeit der Verwaltungs- und Verwaltungsgerichtsbehörden zum Gegenstande. Ueber das notwendige Mass hinaus, das eine derartige Veränderung der übergeordneten Verbände für die unteren mit sich bringt, ist die Landgemeindeordnung nur in wenigen Punkten abgeändert worden.

Nachdem der ständische Verband der Städte durch die Provinzialordnung beseitigt worden war, fehlte es an einem wesentlichen Erfordernis zur Erlangung des Städterechts; denn vordem konnte solchen Gemeinden, die Mitgliedschaft im Stande der Städte besassen, die Städteordnung verliehen werden. Es wäre somit der Kreis der Städte ein geschlossener gewesen, da keine Landgemeinde mehr die Möglichkeit hatte, Stadt zu werden, wenn nicht die Kreisordnung diesem Mangel dadurch begegnet wäre, dass sie die Verleihung der Städteordnung von der früheren Vorbedingung unabhängig macht.

Der Gemeindevorsteher wurde früher aus den Mitgliedern der Gemeindevertretung ohne ihre Mitwirkung einseitig von dem Landrat ernannt. Die Zahl der Anwärter war einmal eine sehr geringe, dann wurden auch nicht immer solche Personen ernannt, die das besondere Vertrauen der Gemeindeangehörigen besassen; jetzt dagegen werden sie aus der grossen Zahl der zum Gemeinderechte Befähigten frei gewählt. Die Entscheidung liegt demnach ganz in der Hand der Gemeinde, und es kann als ziemlich ausgeschlossen gelten, dass jemand zum Gemeindevorsteher gewählt wird, der nicht das Vertrauen der Mehrzahl der Gemeindeangehörigen besitzt. Mit dieser Neuordnung ist einem lange gehegten und berechtigten Wunsche der Gemeinden in wohlwollender Weise entsprochen worden, ohne dass an der Stellung des Vorstehers etwas geändert wurde. Doch bleibt diese nach wie vor weit zurück hinter derjenigen, die den Vorstehern in anderen Gemeindeordnungen, so der östlichen und auch der westfälischen, eingeräumt worden ist. In letzterer versieht der Gemeindevorsteher die Gemeindeverwaltung und ist selbständiges Organ derselben. Weshalb wird dem rheinischen Vorsteher eine derartige Stellung in der Gemeindeverwaltung versagt? Eine Erweiterung seiner Selbständigkeit und seines Geschäftskreises würde doch nur eine Entlastung des Bürgermeisters bedeuten, der sich ohnehin nicht so eingehend mit den Angelegenheiten jeder einzelnen Gemeinde befassen kann und somit vielfach auf eine Mitwirkung des Gemeindevorstehers angewiesen ist.

Der Bürgermeistereiversammlung ist jetzt

insoweit Einfluss auf die Besetzung der Bürgermeisterstelle eingeräumt, als sie mehrere geeignete Persönlichkeiten beim Kreisausschuss in Vorschlag bringen kann oder von letzterem vor der Besetzung gehört werden muss. Hierin liegt eine gewisse Gewähr, dass nicht jede beliebige Person vom Oberpräsidenten ernannt werden wird, da sich der Kreisausschuss doch in der Regel an die Vorschläge der Bürgermeistereiversammlung hält. Leider hat man sich nicht dazu verstehen können, dem allgemeinen Verlangen nachzukommen und der Bürgermeistereiversammlung das Recht der Bürgermeisterwahl zu gewähren. Ursprünglich war das Amt des Bürgermeisters — wie es auch bei den westfälischen Amtmännern vielfach noch der Fall ist — als Ehrenamt gedacht, und nur wenn keine geeigneten Ehrenbürgermeister vorhanden waren, sollte — als Ausnahme von der Regel — auf besoldete Beamte zurückgegriffen werden. Bei dem Amt des Ehrenbürgermeisters lässt sich schon eher die Ernennung durch die Regierung begründen, da dieser ja stets aus den Bürgermeistereiangehörigen genommen werden muss, also nur eine Person in Frage kommen kann, die die Verhältnisse der Gemeinden aus eigener Anschauung kennt. Die Erwartung des Gesetzgebers, dass die Bürgermeistereien vornehmlich ehrenamtlich verwaltet würden, hat sich jedoch nicht erfüllt. Vor allem fehlte es an grösseren Grundbesitzern, die in der Lage gewesen wären, derartige Opfer, wie sie das Amt des Bürgermeisters verlangt, auf sich zu nehmen. So ist denn schon zur Zeit der Reform die ehrenamtliche Stellung des Bürgermeisters eine seltene Ausnahme gewesen. Der besoldete Bürgermeister, der Berufsbeamte ist bei weitem die Regel. Er ist natürlich durchweg beim Antritt seines Amtes völlig unbekannt mit den vorhandenen Verhältnissen und ohne Beziehung zu den Gemeindevertretungen. Die letzteren werden daher dem unbekannten Bürgermeister nur mit grosser Zurückhaltung, ja leicht mit Misstrauen, gegenübergetreten. Das Einarbeiten in seinen Wirkungskreis ist unter solchen Umständen dem Beamten zweifellos erschwert, zumal er bei dem Nichtvertrautsein mit den Verhältnissen das Entgegenkommen der Gemeindevertreter zu einer erspriesslichen Verwaltungstätigkeit doppelt nötig hat.

Eine wesentliche Bedeutung der Reformen für die Landgemeinden liegt jedenfalls in der Neuorganisation des staatlichen Aufsichtswesens. Sämtliche wichtige Angelegenheiten dieser Art werden nicht mehr von einzelnen Beamten, sondern einem Kollegium, dem Kreisausschuss, der, von seinem Vorsitzenden abgesehen, nur aus Laien besteht, erledigt. Diese sind Eingesessene des betreffenden Verwaltungsbezirks und werden von der zuständigen Vertretung gewählt; es sind also Vertrauenspersonen, die auch genügend bekannt sind mit den Verhältnissen der einzelnen Bezirke. Damit ist eine Garantie gegeben, dass die Lokalinteressen der unteren Kommunalverbände eingehendere Berücksichtigung finden, als dies bei einem einzelnen Staatsbeamten überhaupt der Fall sein konnte, und ausserdem wird das Staatsinteresse in den richtigen Grenzen gehalten. Auch ist das genannte Kollegium eine Verwaltungsgerichtsbehörde. Durch das Verwaltungsgerichtsverfahren — Verfahren zur Entscheidung der durch Gesetz bestimmten Streitsachen über Ansprüche und Verbindlichkeiten aus dem öffentlichen Recht — wird es erst möglich, den Interessen Einzelner weit besseren Schutz zu gewähren, als es früher geschehen konnte; die Entscheidung jener Fragen lag in der Hand von Verwaltungsbehörden, die natürlicherweise das Staatsinteresse bei ihren Entscheidungen allzu sehr in den Vordergrund zu stellen geneigt waren. Auch ist den Mitgliedern des Gerichts richterliche Unabhängigkeit zugesichert, eine weitere Gewähr für die Selbständigkeit der Entscheidung. Diese Einrichtung bedeutet gerade für die Rheinprovinz mit ihrer an die französische Gesetzgebung sich anlehnenden Bürgermeistereiverfassung einen besonderen Fortschritt.

Der Landrat übt die unmittelbare und allgemeine Staatsaufsicht über die ihm unterstellten kommunalen Verbände aus, und zwar als Vorsitzender des Kreisausschusses; seine Vertretung durch den Kreissekretär ist nicht zulässig, denn dieser ist vom stellvertretenden Vorsitz im Kreisausschuss ausgeschlossen (§ 80 KrO. Abs. 2); infolgedessen darf er auch nicht die Aufsichtsfunktionen des Vorsitzenden des Kreisausschusses ausüben.[1]) Abgesehen davon, dass der Landrat auf Grund seines ihm zustehenden Aufsichtsrechts die Gemeindeverwaltung in eingehender Weise kontrollieren kann, sind ihm auch bedeutende Eingriffe in dieselbe gestattet, indem er Gemeindebeschlüssen die Genehmigung versagen oder durch das ihm zustehende Recht der Zwangsetatisierung in das Etatsrecht der Gemeinden eingreifen kann. Er ist nächster Vorgesetzter aller Beamten des Kreises, deren Ernennung und Bestätigung, mit Ausnahme der Bürgermeister und Beigeordneten, ihm zusteht. Er hat ferner Disziplinargewalt über sie mit dem Rechte der Verhängung von Ordnungsstrafen und veranlasst das Verfahren bei Entfernung aus dem Amte.

In allen wichtigen Angelegenheiten, in denen Wohlfahrt des Gemeinde- und Staatsinteresses nebeneinander herlaufen oder sich entgegenstehen, so dass eines von den beiden Gefahr laufen muss, ist bei dem Kreisausschuss die Entscheidung oder die Genehmigung vorbehalten, und es ist seine Aufgabe, die konkurrierenden Interessen zu begrenzen und möglicherweise in die richtigen Schranken zu weisen.

Während es den Gemeinden obliegt, ihre normalen Finanzverhältnisse zu regeln, hat der Kreisausschuss hierüber in allen ungewöhnlichen Fällen zu bestimmen. Alle Beschlüsse, die eine Neuregelung auf diesem

---
[1]) OVG. XIX, 134; XXVI, 143.

Gebiete zum Gegenstand haben, bedürfen seiner Genehmigung, wobei er zu prüfen hat, ob die betreffenden Steuern und erhöhten Abgaben geeignet sind, die Gemeindefinanzen aufzubessern oder ob nicht einzelne Klassen oder das Gewerbe zu sehr belastet werden. In allen Beschlüssen der Vertretungen, die eine Veränderung der Substanz des Gemeindevermögens zum Gegenstand haben oder Auseinandersetzung über Grenzveränderungen der Gemeinde betreffen oder über Verwendung von Kapitalien bestimmen, hat der Kreisausschuss ebenfalls das entscheidende Wort zu sprechen, um Verschleuderung des Gemeindevermögens oder Uebervorteilung einzelner Gemeinden oder unsichere Anlage von Kapitalien zu verhindern. Falls die Gemeindevertretung infolge von Auflösung oder wiederholter Beschlussunfähigkeit nicht in der Lage ist, für das Wohl der Gemeinde zu sorgen, geht die Erledigung ihrer Funktionen gleichfalls auf den Kreisausschuss über.

Die Tätigkeit des Regierungspräsidenten als Aufsichtsorgans zweiter und letzter Instanz über die Landgemeinden besteht im wesentlichen darin, die Geschäftsführung des Kreisausschusses, sowie die des Landrates zu beaufsichtigen; dadurch wird eine gewisse Einheitlichkeit in der Handhabung der einzelnen Verwaltungsmaterien für den ganzen Bezirk herbeigeführt.

Während der Oberpräsident sich im allgemeinen darauf beschränkt, die Tätigkeit der ihm untergeordneten Organe zu überwachen, übt er in einigen wenigen Fällen, so bei Ernennung der Bürgermeister und Beigeordneten, ein direktes Aufsichtsrecht aus.

Die Minister des Innern und der Finanzen haben insofern ein ausserordentliches Aufsichtsrecht, als ihnen bei Einführung oder Veränderung von Steuern, die eine Lebensfrage der Gemeinde bilden, die Entscheidung anheimgegeben ist, da das Staatswohl in seinem Endzweck mehr oder weniger von dem Wohlergehen der einzelnen Gemeinde abhängt.

Das gesamte Steuerwesen, das seit langem schon reformbedürftig war, wurde von Grund auf in äusserst zweckmässige Formen umgestaltet. So sind an Stelle der früheren Klassensteuer die entsprechenden Steuersätze des Einkommensteuergesetzes von 1891 getreten, und falls eine Veranlagung nach diesem Gesetz nicht stattgefunden hat, werden die entsprechenden Einkommensbezüge statt der betreffenden Klassensteuerstufen gesetzt (§§ 17, 74—78 EStG.). Die Zahl der Meistbeerbten erhöht sich dadurch gewaltig, ohne dass der Kreis der Gemeindeberechtigten sich erweitert. Hierdurch ist aber geeigneten Persönlichkeiten der geringeren Klasse — da die Wahlberechtigung zugleich Wählbarkeit verleiht — die Möglichkeit gegeben, sich in der Gemeindevertretung und weiterhin in den Gemeindeämtern zu betätigen.

Die Gemeindeausgaben wurden, soweit ihre Deckung nicht durch das Gemeindevermögen erfolgen konnte, durch Zuschläge zu den Staatssteuern oder sonstige Gebühren und Steuern aufgebracht, welche die Gemeinden, abgesehen von der Genehmigung der Regierung, ziemlich frei bestimmen konnten. Es mussten daher mehr oder weniger grössere Ungleichheiten in der Art und Höhe der Besteuerung zwischen den einzelnen Gemeinden wie den verschiedenen Bezirken entstehen. Ausserdem hatte eine schwächere oder stärkere Belastung einzelner Klassen von Mitbürgern doch regelmässig eine grössere Ab- oder Zuwanderung unter den verschiedenen Gemeinden im Gefolge. Auch liess sich wegen der verschiedenen Art und Höhe der Belastungen kein genauer Massstab für die durchschnittlichen Leistungen der Gemeinden bilden, abgesehen davon, dass sich die vorhandenen Steuern gegenüber den gesteigerten Bedürfnissen der Gemeinden, an welche durch Einführung moderner Einrichtungen und durch die soziale Fürsorge sehr grosse Anforderungen gestellt wurden, als völlig unzureichend erwiesen. Aehnlich, wie den Gemeinden, erging es dem Staat mit seinen Steuern, und es war daher eine vollkommene Neuregelung des gesamten Steuerwesens sehr angebracht. Das Kommunalabgabengesetz regelt jetzt das Steuerrecht der Gemeindekörper in umfassender Weise. Der Staat überlässt den Gemeinden die Erhebung gewisser Steuern, soweit dazu ein Bedürfnis vorhanden ist, und bestimmt nur die Reihenfolge und die Höhe, in der die einzelnen Steuerarten zur Deckung der Gemeindelasten herangezogen werden dürfen. Hierdurch wird eine ziemlich grosse Uebereinstimmung in der Erhebung erreicht und die Kontrolle der Aufsichtsorgane bedeutend erleichtert; es ist auch aus den erhobenen Steuern ohne weiteres ersichtlich, inwiefern die steuerliche Leistungsfähigkeit der Gemeinden in Anspruch genommen ist.

5. Abschnitt.
Die gegenwärtig geplante Reform der Landgemeindeordnung von 1845/56.

§ 21.
a) Uebersicht über die wesentlichen Abänderungsvorschläge.

Seit der letzten Reform ist wieder ein grösserer Zeitraum verflossen. Bei dem gewaltigen wirtschaftlichen Aufschwung während der letzten Jahrzehnte, insbesondere der neunziger Jahre, empfand man mehr und mehr die Landgemeindeordnung von 1845/56, welche die älteste der noch in Kraft befindlichen Gemeindeverfassungen ist, als zu eng und nicht mehr den Verhältnissen der Gegenwart entsprechend. Wiederholt wurden daher, ausser in der rheinischen Presse[1] in den

---

[1] Sperling, S. 6 f.

verschiedenen Interessenverbänden und auch im Abgeordnetenhause,[1]) Stimmen laut, die eine Kodifikation des Landgemeinderechts oder doch wenigstens Abstellung der hervorgetretenen Uebelstände wünschten.[2])

Allenthalben verlangte man Abänderung des Rechts der meistbegüterten Grundeigentümer, der sogenannten geborenen Gemeinderatsmitglieder. Früher war dies Recht den angesessenen Grundbesitzern vorbehalten. Nach den beiden die Grundsteuer abändernden Gesetzen vom 21. Mai 1861 betreffend die anderweitige Regelung der Grundsteuer[3]) und betreffend die Einführung einer allgemeinen Gebäudesteuer[4]) war es gleichgültig, ob der Hauptsteuerbetrag vom Grundbesitz oder von den Gebäuden entrichtet wurde. Mit dieser Neuerung war man damals dem Verlangen der Besitzer grösserer, industrieller Unternehmungen nachgekommen, indem sie unter gleichen Bedingungen die geborene Mitgliedschaft zu den Vertretungen erlangen konnten wie die grösseren Grundbesitzer. Mit der Zeit trat dann eine Verschiebung der Art ein, dass auch die grösseren Villenbesitzer, Bauunternehmer und Häuserspekulanten lediglich auf Grund ihrer Gebäudesteuer geborene Gemeinde- und Bürgermeistereivertreter wurden. So übertrifft gegenwärtig in einigen Gemein-

---

[1]) Drucks. d. Abg., 1907, S. 5463 ff.; 1908, 4843 ff.
[2]) Prot. d. 49. Prov. Landtg., S. 20 f.
[3]) GS., S. 253.
[4]) GS., S. 317.

den die Zahl der geborenen Mitglieder die der gewählten.[1]) Die Folge hiervon ist, dass die Gemeindevertretungen vielfach an -Mitgliederzahl die Stadtverordnetenversammlungen mancher grösseren Städte überragen. Da nun das Gemeindewahlrecht unabhängig vom Wohnsitz ist und viele der geborenen Mitglieder ausserhalb der Gemeinde ihren Wohnsitz haben, wird durch häufige Abwesenheit dieser Mitglieder fortwährende Beschlussunfähigkeit der Vertretungen herbeigeführt, was der Erledigung der Verwaltungsangelegenheiten natürlich hinderlich ist. Auch vertreten vielfach diese geborenen Mitglieder zu sehr ihre persönlichen Interessen.[2]) Man verlangte daher Beseitigung des jetzt nicht mehr zeitgemässen Vorrechtes einiger weniger.[3]) Falls die Beseitigung des Instituts nicht angängig sein sollte, forderte man Erhöhung des jetzigen Grund- und Gebäudesteuerbetrages von 150 Mark auf 225 Mark entsprechend dem nach der Kreisordnung in den Regierungsbezirken Cöln, Düsseldorf und Aachen bestimmten Betrag für Zugehörigkeit zum Verbande der grösseren Grundbesitzer — mit der Massgabe, dass der Berechnung die Grundsteuer unter Ausschluss der Gebäudesteuer zu Grunde gelegt werden solle, ausserdem steuerlicher Wohnsitz in der Gemeinde und endlich Beschränkung der geborenen Mit-

---

[1]) Anl. z. d. Prot. d. 49. Prov. Landtg., S. 293 f.
[2]) Schmidt, Gemeindeverfassung, S. 97 ff.
[3]) Sperling, S. 14.

glieder auf ein Viertel, oder höchstens die Hälfte der Gewählten.[1])

Im Gegensatz zu dem Streben nach Beseitigung oder Beschränkung des Grundbesitzersvorrechtes machte sich bei den Handelskammern und Vereinigungen der Industrie eine Strömung geltend, die verlangte, den Handelsgesellschaften das Gemeinderecht, also das passive und aktive Wahlrecht und ausserdem ein Virilstimmrecht im Gemeinderat entsprechend dem der Grundbesitzer zu verleihen.[2]) Sie stützten sich im wesentlichen darauf, dass in der westfälischen Gemeindeordnung und mehreren anderen Gemeindeverfassungen industriellen Gesellschaften Anteil am Gemeinderecht eingeräumt ist, wenn sie mehr Steuern als eine der drei höchstbesteuerten physischen Personen entrichten oder eine Fabrik oder kaufmännische Anlagen haben, die dem Werte einer die Haltung von Zugvieh zur Bewirtschaftung erfordernden Ackernahrung mindestens gleichkommen.[3]) Unter besonderer Hervorhebung des Nutzens der Industrie für das Rheinland und ihrer grossen Beteiligung bei Tragung der allgemeinen Lasten, vielfach nur zum Vorteil der Landwirtschaft, wünschten die Vereinigungen dann eine ähnliche Stellung für Industrie und Handel, wie sie die industriellen Gesellschaften anderwärts bereits inne haben.

Die Führung eines vollständigen Verzeich-

---
[1]) Sperling, S. 18.
[2]) Sperling, S. 18 f.
[3]) Schoen, S. 169, 171.

nisses der Meistbeerbten (Gemeinderolle) gehört nach § 41 GO. zu den Obliegenheiten des Gemeindevorstehers. In der Praxis haben sich der Durchführung dieser Vorschrift, zumal in grösseren Gemeinden, Schwierigkeiten entgegengestellt. Da man auf diese Bestimmungen verzichten zu können glaubte, hielt man die Aufhebung des § 41 GO. für angebracht.

Zur Beseitigung der Schwierigkeiten, die sich bei Tätigung der Gemeindewahlen, besonders in grösseren Gemeinden, bezüglich der Ausübung des Gemeinderechts bei Stichwahlen herausgebildet haben, wird eine zeitliche Trennung der Haupt- und Nebenwahlen verlangt.[1])

In der Gemeindeordnung fehlt es ferner an einer genauen Bestimmung der Frage, wann die neugewählten Gemeindevertreter ihr Amt antreten und wie lange die ausscheidenden noch im Amte verbleiben sollen. Da nun manche Wahl beanstandet wird und ein Verwaltungsstreitverfahren zwecks Feststellung ihrer Gültigkeit oder Ungültigkeit zur Folge hat, leiden die Gemeindevertretungen vielfach unter Beschlussunfähigkeit, indem die ausscheidenden Mitglieder ihre Verrichtungen vom Zeitpunkt der Neuwahl ab nicht mehr versehen. Zur Vermeidung dieser Härten wurden ebenfalls verbessernde Bestimmungen gefordert.

---

[1]) Nach OVG., 42, 144 haben Stichwahlen in der Rheinprovinz in unmittelbarem Anschluss an die erste Wahl stattzufinden.

Ist der Gemeinderat bei Beratung derselben Tagesordnung zweimal beschlussunfähig, so geht er seines Beschlussrechts verlustig, und es entscheidet der Kreisausschuss an seiner Stelle. In dieser Bestimmung findet man einen zu weit gehenden Eingriff in die Selbstverwaltung der Landgemeinden, zumal sie zweifellos in den Gemeinden mit überwiegend geborenen Mitgliedern, wo Beschlussunfähigkeit die Regel bildet, zu einer wahren Plage wird.

Man wünschte entsprechend der rheinischen Städteordnung, dass die zweite über denselben Gegenstand berufene Vertreterversammlung unter allen Umständen als beschlussfähig gelten soll.

Die Verhandlungen der Gemeindevertretungen finden im Gegensatz zu den Vorschriften der übrigen Gemeinde- und Städteordnungen unter Ausschluss der Oeffentlichkeit statt. Die Wähler aber haben gewiss ein grosses Interesse daran, sich über die Verhandlungen und Beratungen des Gemeinderates zu orientieren. Nach den jetzigen Bestimmungen ist dies aber keineswegs möglich, und die Gemeindeangehörigen bleiben stets im Dunkeln über die Vorgänge in der Verwaltung.

Kreditüberschreitungen im Gemeindehaushalt bedürfen ohne Rücksicht auf ihre Höhe ausser der Genehmigung der Gemeindevertretung der des Kreisausschusses. Hier wurde eine praktische Aenderung der Art gewünscht, dass die Genehmigung geringerer Etatsüberschreitungen der Gemeindevertretung allein übertragen werde. Zur Stärkung der Position der Bürgermeister beantragte man aus interessierten Kreisen aktives und passives Wahlrecht zum Kreistage und Kreisausschuss, Erschwerung des Disziplinarverfahrens und volles Stimmrecht in der Gemeindevertretung.

Nach den bestehenden Bestimmungen ist den grösseren Gemeinden die Annahme der Städteordnung sehr erschwert. Ferner wird die nicht berechtigte, ungleiche Behandlung von Stadt- und Landgemeinden als eine grosse Härte empfunden. Kleinere Städte von einigen tausend Einwohnern — und deren gibt es eine stattliche Anzahl — geniessen die freie Selbstverwaltung der Städteordnung. Städte von über 10 000 Einwohnern unterstehen direkt dem Regierungspräsidenten und Bezirksausschuss in Aufsichtsangelegenheiten, Städte mit über 40 000 Einwohnern scheiden auf ihren Antrag völlig aus dem Kreisverbande aus und bilden einen besonderen Stadtkreis. Man forderte daher die gleichen oder doch ähnliche Bestimmungen für die Landgemeinden mit entsprechender Einwohnerzahl, soweit sie städtische Einrichtungen besitzen, etwa, dass sie bei 10 000 Einwohnern berechtigt sein sollen, auf ihren Antrag hin die Städteordnung anzunehmen.

Um die kleinen Gemeinden mit nur einigen hundert Einwohnern, welche den an sie gestellten Anforderungen kaum oder gar nicht gerecht werden können, wenn ihnen nicht die höheren Kommunalverbände mit grossen Zuschüssen beistehen, lebensfähig zu machen, ist vorgeschlagen worden, die Vereinigung mehrerer derartiger Gemeinden durch geeignete Bestimmungen zu erleichtern.

Für die Angelegenheiten, die mehreren Gemeinden einer oder verschiedener Bürgermeistereien gemeinsam sind, ist die Schaffung besonderer Rechtsträger (Zweckverbände) zur einfacheren Erledigung ihrer gemeinsamen Angelegenheiten beantragt worden.

§ 22.
b) Die Beratungen und Vorschläge des rheinischen Provinziallandtages.

Auf das fortwährende Verlangen nach einer Reform der Landgemeindeordnung und das seitens des Abgeordnetenhauses im Jahre 1907 ergangene Ersuchen[1]) hin arbeitete die Regierung einen Entwurf eines Gesetzes über Abänderung der Landgemeindeordnung nebst Motiven aus und liess diesen im November 1908 durch den Oberpräsidenten dem rheinischen Provinziallandtag zugehen, mit dem Ersuchen, der Landtag möge sich bei seiner nächsten Tagung hierüber gutachtlich äussern.[2])

Dieser Entwurf, der sich auf die hervorgetretenen praktischen Bedürfnisse beschränkt, enthält die Abänderung folgender Punkte:
1. Beseitigung des § 41 GO., der die Führung der Gemeinderolle vorschreibt.

---
[1]) Anl. z. d. Prot. d. 49. Prov. Landt., S. 292.
[2]) Anl. z. d. Prot. d. 49. Prov. Landt., S. 280, 287—298.

2. Abänderungen der Bestimmungen über die Meistbegüterten bei Zusammensetzung der Gemeindevertretungen.
3. Anderweitige Regelung der Vornahme einer erforderlich werdenden Stichwahl.
4. Amtsantritt der neugewählten und Amtsdauer der ausscheidenden Gemeindeverordneten.
5. Einführung einer beschränkten Oeffentlichkeit bei den Sitzungen des Gemeinderates.
6. Wegfall des Ergänzungsbeschlusses bei zweimaliger Beschlussunfähigkeit des Gemeinderates (§ 64).[1])

Zunächst befasste sich der Provinzialausschuss mit dem Regierungsentwurf und unterbreitete ihn dem im März 1909 versammelten Landtage nebst einem Bericht mit Abänderungsvorschlägen.[2]) Bei der ersten Beratung im Plenum wurde beschlossen, den Entwurf mit den dazu eingegangenen Anträgen einer besonderen Kommission (Gemeindeordnungskommission) zur Durchberatung zu überweisen.[3]) Bei der zweiten Lesung im Plenum am 15. März 1909 nahm man den Regierungsentwurf nach den Vorschlägen der Gemeindeordnungskommission an.[4])

Mit der Aufhebung des § 41 GO. erklärte sich der Provinziallandtag einverstanden. Er hielt diese Bestimmung für überflüssig, da —

---

[1]) Anl. z. d. Prot. d. 49. Prov. Landt., S. 280 f.
[2]) Anl. z. d. Prot. d. 49. Prov. Landt., S. 280—286.
[3]) Anl. z. d. Prot. d. 49. Prov. Landt., S. 43.
[4]) Anl. z. d. Prot. d. 49. Prov. Landt., S. 46.

einerseits für die Gemeinderatswahlen ohnehin noch ein namentliches Verzeichnis aufgestellt werden muss, andererseits sich ihrer Durchführung in Industriegemeinden mit ihrer fluktuierenden Bevölkerung Schwierigkeiten entgegenstellen.

Am eingehendsten beriet man über das heiss umstrittene Vorrecht der Meistbegüterten. Trotzdem die zutage getretenen Missstände anerkannt wurden, war man doch ausnahmslos für die Beibehaltung dieses Instituts, da seine Nachteile nur in dem industriell entwickelten Teile der Provinz herrschten, während in den rein ländlichen Gemeinden sich kein Bedürfnis nach Abänderung geltend mache. Ausserdem werde der Grundbesitz zur Deckung der Gemeindelasten stark herangezogen, und seine Belastung bleibe ohne Rücksicht auf den Ertrag stets gleich.[1]) Eine völlig ausreichende Beseitigung der Uebelstände glaubte der Provinziallandtag zu erreichen durch die Bedingung, dass von dem Mindestbetrag von 150 Mark Grund und Gebäudesteuer mindestens 75 Mark auf die Grundsteuer entfallen sollen, die Meistbegüterten zur Staatseinkommensteuer veranlagt sein müssen und ihre Zahl die Hälfte der gewählten Verordneten nicht übersteigen darf. Bei Eintreten des letztgenannten Falles soll sich die Reihenfolge unter den Meistbegüterten nach der Höhe der Grundsteuer bestimmen. Die hiernach zur Ausübung des Meistbegüter-

---

[1]) Anl. z. d. Prot. d. 49. Prov. Landtg., S. 282.

tenrechts Berufenen werden im Anschluss an die regelmässigen Ergänzungswahlen festgestellt. Von der Forderung des Wohnsitzes in der Gemeinde sah man ab, ebenso wurde ein Zusatzantrag des Provinzialausschusses abgelehnt. Letzterer wollte in dem Falle, dass die Zahl der Meistbegüterten die Hälfte der gewählten Verordneten übertreffe, in erster Linie diejenigen aus den Vertretungen ausscheiden lassen, die keinen Wohnsitz in der Gemeinde und Bürgermeisterei hätten, dann erst soll für die Reihenfolge des Ausscheidens die Höhe der Grundsteuer massgebend sein.[1]) Ein weiterer Vorschlag des Provinzialausschusses, dass in Gemeinden von unter 1500 Einwohnern, in denen die Gewerbesteuer einen bestimmten Prozentsatz der Grundsteuer nicht erreiche, durch Gemeindestatut die Anwendung der Bestimmung über Beschränkung der geborenen Gemeindevertreter ausgeschlossen werden könne, fand gleichfalls keine Berücksichtigung.[2])

Weit über den Rahmen des Regierungsentwurfes hinaus ging man, indem man den § 35 GO. erweitert wissen wollte: „Ingleichen sind zur Teilnahme an den öffentlichen Geschäften der Gemeinde berechtigt: Aktiengesellschaften, Kommanditgesellschaften auf Aktien, Berggewerkschaften, Gesellschaften mit beschränkter Haftung." Begründet wurde die Aufnahme dieser Bestimmung damit, dass man den industriellen Gesellschaften dasjenige

---
[1]) Anl. z. d. Prot. d. 49. Prov. Landtg., S. 283.
[2]) Anl. z. d. Prot. d. 49. Prov. Landtg.. S. 283.

Mass der Beteiligung an der Selbstverwaltung geben wollte, das ihnen nach den Gemeinde-ordnungen der übrigen Provinzen bereits in gebührender Weise zuteil geworden sei. Auch fühlte man sich der Industrie gegenüber verpflichtet, die in vielen Gemeinden am meisten zu den Ausgaben beitrage, leistungsunfähige Gemeinden durch Bewilligung von bedeutenden Mitteln wirtschaftlich unterstütze und zur Förderung rein landwirtschaftlicher Interessen erhebliche Beträge bewillige.

Nach diesem Aenderungsvorschlage des Provinziallandtages sind die industriellen Gesellschaften bedeutend besser gestellt, als in den übrigen Gemeindeverfassungen, nachdem ihre Teilnahme am Gemeinderecht entweder an einen bestimmten Steuerbetrag geknüpft ist, der sich in der Regel nach dem höchsten Steuerzahler in der Gemeinde richtet, oder an die Bedingung, dass die Fabrik oder gewerbliche Anlage dem Wert einer Ackernahrung mindestens gleichkommt.[1]) Sicherlich würde man in Industriekreisen auch mit weniger Entgegenkommen zufrieden gewesen sein. Würde nun der Beschluss des Provinziallandtages zum Gesetz, so wäre eine grosse Verschiebung zu Gunsten einer Plutokratie die Folge, die nicht zum Segen der Selbstverwaltung ausfallen dürfte. Beherrschen doch jetzt schon die industriellen Gesellschaften mit ihren Arbeitern, die nur im Sinne der Gesellschaft ihre Stimme abgeben, in vielen Ge-

---
[1]) Schoen, S. 169, 171.

meinden die dritte Wählerabteilung, während in der ersten und zweiten Abteilung die höheren Beamten und Direktoren der genannten Gesellschaft in überwiegender Zahl vertreten sind. Natürlich wird bei Vorhandensein mehrerer grösseren Werke eine stattliche Anzahl von Gemeindevertretern aus Angehörigen der betreffenden Gesellschaft gewählt, denen doch nichts näher liegt, als die industriellen Interessen zu vertreten. Trotzdem hielt der Provinziallandtag es für angebracht, dieses tatsächliche Uebergewicht der Industrie durch Verleihung des aktiven und passiven Wahlrechts noch stark zu vermehren.

Die Abänderung des § 55 GO. nahm der Provinziallandtag dem Regierungsentwurf entsprechend an. Hiernach finden die Stichwahlen an einem späteren Zeitpunkte statt, und zwar fordert der Wahlvorsteher durch eine das Ergebnis der ersten Wahl mitteilende Bekanntmachung spätestens innerhalb einer Woche zur zweiten Wahl auf. Hierbei ist von dem Erfordernis der absoluten Stimmenmehrheit abzusehen.

Ferner wurde die von der Regierung vorgeschlagene Aenderung des § 58 GO. angenommen. Die neugewählten Mitglieder der Vertretungen treten zu Anfang des nächsten Jahres ihr Amt an; bis zu ihrer endgültigen Einführung bleiben die ausscheidenden im Amt. Keine Berücksichtigung fand der hierzu gestellte Abänderungsvorschlag des Provinzialausschusses, der genauer bestimmte, welche ausscheidenden Mitglieder in Tätigkeit bleiben sollten, wenn nur e i n z e l n e der Neugewählten nicht eingeführt werden können.[1])

Dem Wunsche nach Oeffentlichkeit der Gemeinderatssitzungen suchte der Regierungsentwurf gerecht zu werden, indem er eine beschränkte Oeffentlichkeit gestattete, soweit nicht für einzelne Gegenstände die Beratung in geheimer Sitzung beschlossen wird. Hierdurch wird jedem Steuerzahler hinreichend Gelegenheit gegeben, sich selbst über den Gang der Verhandlungen zu unterrichten. Der Provinziallandtag hielt diese Bestimmung nur bei grösseren Gemeinden für angebracht. Den kleinen Gemeinden fehle es nach seiner Ansicht an geeigneten Räumen für öffentliche Sitzungen. Dann sei zu berücksichtigen, dass in diesen Beratungen manches Mitglied durch die Oeffentlichkeit eingeschüchtert und an der Aeusserung und Betätigung seines Willens behindert werde. Ferner würden die Gemeindeangelegenheiten zu sehr in die Oeffentlichkeit gezogen werden, und leicht Quertreibereien entstehen. Unter Berücksichtigung dieser Momente empfahl der Ausschuss eine Abänderung dahin, dass in Gemeinden von unter 2000 Einwohner nur nach Beschluss des Gemeinderates öffentlich verhandelt werden solle.[2]) In weit grösserem Masse wurden diese Bedenken von der Gemeindeordnungskommission und dem Landtage geteilt, der nach dem Vorschlage der Kommission den

---
[1]) Anl. z. d. Prot. d. 49. Prov. Landtg., S. 289.
[2]) Anl. z. d. Prot. d. 49. Prov. Landtg., S. 290.

Regierungsentwurf dahin abänderte, dass nur in Gemeinden mit mehr als 5000 Einwohnern die Beratungen öffentlich sein sollen.[1]) Die Unterscheidungsgrenze wurde deshalb auf 5000 Einwohner festgesetzt, weil diese Zahl als Durchschnittseinwohnerzahl der kleineren Städte gilt, für die Oeffentlichkeit der Verhandlungen vorgeschrieben ist.

Keinesfalls ist dem gegen die Oeffentlichkeit der Gemeinderatssitzungen ins Feld geführten Grunde einer eventuellen Einschüchterung und eines Mangels an freier Aeusserungsmöglichkeit der Mitglieder beizupflichten. Müssen doch die Gemeindewähler mit Recht von ihren Vertretern voraussetzen, dass sie nicht durch Aeusserlichkeiten veranlasst werden, ihrer freien Willensbetätigung unnötige Schranken aufzuerlegen; denn solche Männer können nicht als geeignete Vertreter im Gemeinderate angesehen werden.

Die Abänderung des § 64 GO. hielt der Provinziallandtag ebenfalls für angebracht, und er sprach sich in Uebereinstimmung mit der Regierungsvorlage für die Beseitigung der die Gemeinden in ihrer Selbständigkeit äusserst hemmenden Vorschrift aus. Demnach soll der Gemeinderat bei wiederholter Beschlussunfähigkeit über dieselbe Tagesordnung bei der zweiten Beratung ohne Rücksicht auf die anwesende Mitgliederzahl beschlussfähig sein, wenn in der zweiten Einberufung hierauf ausdrücklich hingewiesen

---

[1]) Anl. z. d. Prot. d. 49. Prov. Landtg., S. 46.

ist. Ferner sollen die sich der Abstimmung enthaltenden Mitglieder nur als anwesend gelten, während die Mehrheit bei der Beschlussfassung nur nach der Anzahl der abgegebenen Stimmen festgestellt werden soll.

Zuletzt ersuchte der Provinziallandtag geeignete Vorschriften über die Bildung von Zweckverbänden (Armen, Wege, Schulverbänden) entsprechend den Bestimmungen der östlichen Landgemeindeordnung (§§ 128 ff.) in den Entwurf aufzunehmen, da sich ein dringendes Bedürfnis herausgestellt habe, auch nicht benachbarte Gemeinden mit gemeinsamen Angelegenheiten zu Zweckverbänden zusammenzulegen.[1])

§ 23.
c) Der Regierungsentwurf zur Abändernng der rheinischen Landgemeindeordnung.

Nach diesen Vorschlägen arbeitete die Staatsregierung einen definitiven Entwurf aus und stellte den Kammern bei ihrer Eröffnung im Herbste 1909 seine Vorlage in Aussicht. Im März 1910 ging der Entwurf eines Gesetzes über Abänderung der rheinischen Landgemeindeordnung, bestehend aus 6 Artikeln, dem Herrenhaus zu.[2]) Sein Inhalt ist folgender:

Artikel 1. § 41 der Gemeindeordnung für die Rheinprovinz vom 23. Juli 1845 (GS.

---
[1]) Prot. d. 49. Prov. Landtg., S. 46; siehe § 26 dieser Schrift.
[2]) Drucks. d. Abg., Session 1910, Nr. 56.

S. 523) und 15. Mai 1856 (GS.S. 435) wird aufgehoben.

Artikel 2. Die §§ 46, 55, 58 werden durch folgende Vorschriften ersetzt:

I. § 46. „In denjenigen Gemeinden, welche durch gewählte Verordnete vertreten werden, gehören zum Gemeinderate ausser diesen Verordneten auch

a) die meistbegüterten Eigentümer, welche
1. im Gemeindebezirke mit einem Wohnhause angesessen sind,
2. zur Staatseinkommensteuer, sowie
3. von ihrem im Gemeindebezirke gelegenen Grundbesitze zu mindestens 150 Mark Grund- und Gebäudesteuer, darunter zu mindestens 75 Mark Grundsteuer staatlich veranlagt sind, auch
4. die für Meistbeerbte vorgeschriebenen persönlichen Eigenschaften besitzen;

b) diejenigen juristischen Personen, Aktiengesellschaften, Kommanditgesellschaften auf Aktien, Berggewerkschaften, eingetragene Genossenschaften, Gesellschaften mit beschränkter Haftung, welche mehr als der höchstbesteuerte Gemeindeangehörige sowohl an direkten Staatssteuern als an direkten Gemeindesteuern entrichten; dem Staatsfiskus steht dasselbe Recht zu, wenn er zu den direkten Gemeindesteuern mit einem höheren Betrage herangezogen wird, als der höchstbesteuerte Gemeindeangehörige an direkten Staats- und Gemeindesteuern, beide zusammengerechnet, entrichtet. Die Berechtigten haben ihre Vertreter aus den verfassungsmässigen Organen, Repräsentanten, Generalbevollmächtigten, Staatsbeamten zu bestimmen; die Vertreter müssen die für Meistbeerbte vorgeschriebenen persönlichen Eigenschaften besitzen. — Die Zahl der meistbegüterten Grundbesitzer (a) darf die Hälfte, diejenigen der juristischen Personen und der übrigen unter b bezeichneten Berechtigten ein Viertel der gewählten Verordneten nicht überschreiten. Dabei bestimmt sich die Reihenfolge der Berechtigten in den Fällen unter a nach der Höhe der Grundsteuer, in den Fällen unter b nach der Höhe der Gesamtsteuern; unter Gleichbeberechtigten entscheidet das Los. — Die hiernach zur Mitgliedschaft im Gemeinderat Berechtigten werden in der Regel im Anschluss an die jedesmaligen Ergänzungswahlen durch Beschluss des Gemeinderates bezeichnet."

II. § 55. „Jeder Wähler muss dem Wahlvorsteher mündlich zu Protokoll erklären, wem er seine Stimme geben will. Er hat so viele Personen zu bezeichnen als zu wählen sind. Gewählt sind diejenigen, welche bei der ersten Abstimmung die meisten Stimmen und zugleich mehr als die Hälfte der abgegebenen Stimmen erhalten haben. Hat sich eine solche Stimmenmehrheit bei der ersten Abstimmung nicht ergeben, so werden diejenigen Personen, welche die meisten Stimmen erhalten haben, in der aus der Stimmenzahl sich ergebenden Reihenfolge bis zur doppelten Zahl der noch zu wählenden Gemeindeverordneten auf eine engere Wahl gebracht. Ist die Auswahl der hiernach zur engeren Wahl zu bringenden Personen zweifelhaft, weil auf zwei oder mehrere eine gleiche Stimmenzahl gefallen ist, so entscheidet zwischen diesen das durch die Hand des Wahlvorstehers zu ziehende Los. — Zu der engeren Wahl werden die Wähler durch eine das Ergebnis der ersten Wahl mitteilende Bekanntmachung des Wahlvorstehers sofort oder spätestens innerhalb einer Woche aufgefordert. — Bei der zweiten Wahl ist die absolute Stimmenmehrheit nicht erforderlich; im Falle der Stimmengleichheit entscheidet das durch die Hand des Wahlvorstehers zu ziehende Los. — Die Wahlprotokolle sind von dem Wahlvorsteher zu unterzeichnen und von dem Bürgermeister aufzubewahren. — Das Ergebnis der Wahlen ist sofort in ortsüblicher Weise bekannt zu machen."

III. § 58. „Die bei der regelmässigen Ergänzung neugewählten Gemeindeverordneten treten ihr Amt mit dem Anfange des nächstfolgenden Jahres an; die ausscheidenden bleiben bis zur Einführung der neugewählten Mitglieder in Tätigkeit. Die Gewählten werden in der Versammlung der Gemeindevertretung von dem Vorsitzenden eingeführt und durch Handschlag verpflichtet."

Artikel 3. Dem § 62 werden folgende Absätze hinzugefügt: „Bei den Sitzungen des Gemeinderates findet beschränkte Oeffentlichkeit statt. Denselben können als Zuhörer alle zu den Gemeindeabgaben herangezogene, männliche, grossjährige Mitglieder der Gemeinde beiwohnen, welche sich im Besitze der bürgerlichen Ehrenrechte befinden. Für einzelne Gegenstände kann durch besonderen Beschluss, welcher in geheimer Sitzung gefasst wird, die Oeffentlichkeit ausgeschlossen werden. — Der Vorsitzende handhabt die Ordnung in der Versammlung; er kann jeden Zuhörer, welcher eine Störung irgendwelcher Art verursacht, aus dem Sitzungszimmer entfernen lassen. — Die Versammlungen sollen in der Regel nicht in Wirtshäusern oder Schenken abgehalten werden."

Artikel 4. § 64 wird durch folgende Vorschrift ersetzt: „Der Gemeinderat ist beschlussfähig, wenn mehr als die Hälfte der Mitglieder anwesend ist. Wird der Gemeinderat zum zweitenmale zur Beratung über denselben Gegenstand zusammenberufen, so sind die erschienenen Mitglieder ohne Rücksicht auf ihre Zahl beschlussfähig. Bei der zweiten Zusammenberufung muss auf diese Bestimmung ausdrücklich hingewiesen werden. — Die Beschlüsse werden nach Stimmenmehrheit gefasst. Die der Stimmabgabe sich enthaltenden Mitglieder werden zwar als anwesend betrachtet, die Stimmenmehrheit wird jedoch lediglich nach der Zahl der abgegebenen Stimmen festgestellt."

Artikel 5. Absatz 1 Nr. 1 dee § 110 erhält folgenden Wortlaut: „aus den nach § 46 ohne Wahl dem Gemeinderate angehörenden Mitgliedern; die Vertretung der nach § 46 b Berechtigten im Gemeinderate erstreckt sich auch auf die Bürgermeistereiversammlung."

Artikel 6. „Dieses Gesetz tritt am 1. Oktober 1910 in Kraft."

§ 24.

d) Kritische Würdigung der Reform.

aa) Ueberblick über die berücksichtigten Forderungen.

Nur zu wahr sind die Worte des Vertreters der Staatsregierung gelegentlich der Verhandlungen über diesen Entwurf im Provinziallandtage: „Es handelt sich hier nicht um eine grosszügige Arbeit der Gesetzgebung, sondern nur um „eine kleine Novelle."[1])

Als wichtigsten Gegenstand des vorliegenden Gesetzentwurfes bezeichnet die Begründung die Abänderung des Rechts der Meist-

---

[1]) StenBer. 49. Prov. Landtg., S. 140.

begüterten. Auch die Staatsregierung erkennt die jetzt vorhandenen Missstände an, die hervorgerufen sind durch die Aenderung der gesetzlichen Bestimmungen über die Grund- und Gebäudesteuer vom Jahre 1861 und die gewaltige Ausdehnung der Industrie, durch den Umfang der Gemeindevertretungen, das Fernbleiben der Meistbegüterten von den Versammlungen und die dadurch bedingte fortwährende Beschlussunfähigkeit der Vertretungen. Eine gänzliche Aufhebung des Privilegs hält sie aber in Uebereinstimmung mit den Aeusserungen der Vertreter verschiedener Parteien im Provinziallandtag mit der rheinischen Landwirtschaftskammer und den Provinziallandbehörden nicht für angebracht.[1])

Ohne grosses Bedenken wird die Staatsregierung dem Verlangen der industriellen Kreise gerecht, indem sie den Handelsgesellschaften Teilnahme am Gemeinderecht nach dem Vorbild der Meistbegüterten gewährt. Es erscheint ihr eine berechtigte Forderung, dass der Industrie, durch welche das Rheinland in der letzten Hälfte des vergangenen Jahrhunderts seinen Weltruf erlangt habe und die einen erheblichen Anteil der Gemeindelasten trage, eine angemessene Teilnahme an der Verwaltung gewährt werde, zumal sie auch nach den anderen Gemeindeverfassungen eine grössere Beteiligung am Gemeinderecht besitze. Eingehende Ermittelungen hat die Staatsregierung über die Wirkung dieser

---

[1]) Anl. z. d. Prot. 49. Prov. Landtg., S. 259.

Zulassung angestellt. Unter Berücksichtigung des Ergebnisses dieser Erhebungen und namentlich der besonders gearteten rheinischen Verhältnisse hält es die Regierung für zweckentsprechend, den verfassungsmässigen Organen der industriellen Gesellschaft das Virilstimmrecht in der Gemeinde zu geben. Allerdings sollen diese Berechtigten kein Wahlrecht besitzen, und ihre Zahl soll ein Viertel der gewählten Gemeindevertreter nicht übersteigen dürfen. Die Regierung will hierdurch einerseits der Industrie einen gebührenden Anteil am Gemeinderecht zusichern, andererseits aber eine zu starke Verschiebung zu Gunsten einer Plutokratie in Industriegemeinden verhindern.

Dabei wird übersehen, dass der Kreis der „verfassungsmässigen Organe" ein sehr enger ist. Bald nach Einführung dieser Bestimmung wird seitens der Industriellen das Verlangen nach Erweiterung des Personenkreises, aus welchem die Gesellschaften ihre Vertreter in den Gemeinderat entsenden dürfen, laut werden. Viele Gesellschaften und zumal die grösseren Werke betreiben ihre Unternehmungen in mehreren Gemeinden, während der Sitz sich womöglich wieder in einer weiteren Gemeinde befindet. Leicht wird es daher vorkommen, dass die mitgliedschaftsberechtigten Vertreter wenig oder gar nicht mit den Verhältnissen in der Gemeinde bekannt sind, ferner wird ihnen vielfach das Interesse an den Gemeindeangelegenheiten fehlen. Ausserdem sind sie manchmal zur Vertretung der Gesellschaft im Gemeinderat nicht besonders geeignet; denn im Interesse der Gesellschaften und auch der Gemeinden liegt es, dass statt der verfassungsmässigen Organe die Beamten, welche an der Spitze der in den einzelnen Gemeinden gelegenen Betriebe stehen, als berufene Vertreter in den Gemeinderat entsandt werden können.

Verschiedentlich wurde beantragt, die Vorrechte Einzelner (der Meistbegüterten) zu beseitigen; doch lässt der Entwurf im wesentlichen das alte Institut bestehen und führt sogar noch eine weitere bevorrechtigte Klasse ein. Es war vorauszusehen, dass der Provinziallandtag, in dem der Grundbesitz neben der Industrie sehr stark vertreten ist, sich nicht ohne weiteres bereit erklären würde, eines der wesentlichsten Vorrechte des Grundbesitzes aufzugeben.

Beide Interessengruppen, welche die überwiegende Mehrzahl der Provinziallandtagsabgeordneten bildeten, setzten daher mit gegenseitiger Unterstützung die Annahme ihrer gestellten Anträge leicht durch. Ohne in eine genaue Erörterung über die Aufhebung des § 46 GO. einzutreten, schlug man der Regierung die unwesentliche Abänderung bezüglich der Grundsteuer und die Beschränkung der geborenen Mitglieder auf die Hälfte der Zahl der Gewählten vor. Die Staatsregierung, die nicht leicht von den Wünschen der hier massgebenden Vertretung abzuweichen pflegt, hat die Aufhebung des § 46 GO. nicht näher erwogen. Die Idee des Grundbesitzerprivilegs und jetzt auch des Privilegs der industriellen Gesellschaften liegt jedenfalls darin, ein Aequivalent zu schaffen für diejenigen Personen und Gesellschaften, die den überwiegenden Teil der Gemeindelasten zu tragen haben. Demnach würde es auch gerecht erscheinen, nicht bloss den ausdrücklich bezeichneten Handelsgesellschaften und dem Fiskus, sondern sämtlichen juristischen Personen gleiche Berechtigung zu gewähren.

Ausserdem gibt es aber fast in jeder Gemeinde Steuerzahler, die sehr hohe Beträge an Staatseinkommensteuer entrichten und somit ohne weiteres entsprechend der Höhe der jeweiligen Gemeindeumlagen mit weit höheren Beträgen als 150 Mark Grund- und Gebäudesteuer zu den Gemeindelasten beitragen. Diese nehmen doch ebenso grossen Anteil an den Gemeindelasten, als viele der Meistbegüterten mit ihrem oft sehr belasteten Grundbesitz. Es widerspricht einer gerechten Verteilung von Rechten und Pflichten, wenn einer Klasse bestimmte Vorrechte eingeräumt werden, einer anderen nicht.

Der Grundbesitz nimmt nicht mehr die hervorragende Stellung ein wie ehedem, vielmehr ist er von dem beweglichen Kapital bedeutend zurückgedrängt worden, ein weiterer Grund, der für die Beseitigung seines Privilegs spricht. Wollte man nun die historischen Vorrechte nicht beseitigen, so wäre sicherlich eine zeitgemässe Abänderung am Platze gewesen. Eine entsprechende Erhöhung des Betrages der Grundsteuer von 150 Mark auf

225 Mark — dem der Kreisordnung entsprechend —, wovon 150 Mark auf die Grundsteuer entfallen müssen, ist verschiedentlich vorgeschlagen worden und wäre durchaus gerechtfertigt. Vor allem aber muss man fordern, dass das Meistbegütertenrecht und auch das Gemeinderecht überhaupt vom Wohnsitz in der Gemeinde abhängig gemacht wird, womit viele zur Zeit bestehende Härten sich erledigen lassen.

Nach den Bestimmungen des Entwurfs wird es oft vorkommen, dass der in der Stadt wohnende Grossindustrielle, der kurz zuvor ein Landgut erworben hat, Mitglied der Vertretung ist, während der lange in der Gemeinde angesessene und mit ihr verwachsene Gutsbesitzer mit einem nur wenig geringeren Grundsteuerbetrage ausscheiden muss. Obwohl die Abänderung auf der einen Seite dem Grundbesitz seine bevorrechtigte Stellung erhalten will, wird sie andererseits an manchen Stellen diesem Prinzip nicht gerecht.

Die Zahl der geborenen Mitglieder kann noch immer dreiviertel aller Gewählten betragen, wodurch ihnen ein erdrückendes Uebergewicht gegeben ist. Die Interessen aller geborenen Mitglieder würden auch dann eine genügende Vertretung finden, wenn ihre Zahl auf ein Viertel, höchstens aber die Hälfte der gewählten Vertreter beschränkt und eine Ueberzahl der geborenen gegenüber den gewählten Mitgliedern vermieden würde. In Gemeinden, wo die Zahl der Meistbegüterten und berechtigten Industriegesellschaften die zur Vertretung zugelassene Zahl bedeutend übersteigt, würde man zweckmässig einen Wahlverband der geborenen Mitglieder, ähnlich den im Kreise nach der Kreisordnung bestehenden Verbänden bilden, welcher die Aufgabe hätte, die ihm zustehende Zahl von Gemeindevertretern zu wählen. Es würden dann in erster Linie die in der Gemeinde Angesessenen und mit ihren Interessen eng verbundenen Gutsbesitzer gewählt und den Meistbegüterten eher der Vorwurf erspart, dass sie nur ihre Privatinteressen in den Beratungen vertreten.

Die geborenen Mitglieder sind ebenfalls, wie die gewählten, zur regelmässigen Teilnahme an den Beratungen verpflichtet und können ebenso von denselben ausgeschlossen werden. Dafür spricht einmal das Fehlen besonderer Bestimmungen in der Gemeindeordnung, ferner der Umstand, dass die geborenen Vertreter bei Feststellung der Beschlussunfähigkeit des Gemeinderates mitzuzählen sind. Auch die Rechtsprechung teilt diesen Standpunkt.[1]) Trotzdem ist der Ausschluss eines geborenen Gemeindevertreters wohl kaum vorgekommen. Der Grund ist jedenfalls weniger darin zu suchen, dass man glaubt, dem Gemeinderate ständen gegenüber den geborenen Vertretern nicht die gleichen Mitteln zu, wie gegen die gewählten; diese Tatsache beruht vielmehr auf anderen Ursachen. Jedes geborene Mitglied besitzt nämlich in der Regel einen grösseren Einfluss

---

[1]) OVG. Bd. XXXIII, S. 220. — Dasbach, S. 114.

auf die Gemeindevertretung, es wird daher oft an der nötigen Majorität zu einem Ausschliessungsbeschluss fehlen. Auch kann ein derartiges Vorgehen gegen ein geborenes Mitglied leicht zu unerquicklichen Zuständen im Gemeinderate führen. Um nun die Gemeinden von allen Unannehmlichkeiten zu befreien, geht der sicherste Vorschlag dahin, dass die Beschlussfähigkeit des Gemeinderates nur nach der Zahl der g e w ä h l t e n Mitglieder festzustellen ist. Im Interesse der Gemeinden und ihrer Verwaltung ist es sehr zu bedauern, dass dieser Vorschlag keine Berücksichtigung gefunden hat.

Auf die vom Provinziallandtage geäusserten Bedenken gegen die Oeffentlichkeit der Gemeinderatssitzungen in den kleinen Gemeinden ist die Regierung nicht eingegangen. Sie hat vielmehr mit Recht Oeffentlichkeit der Gemeinderatssitzungen in allen Gemeinden vorgeschlagen und hiermit für die Rheinprovinz eine Bestimmung getroffen, die fast in allen Provinzen Eingang gefunden und sich dort durchaus bewährt hat.

Der § 62 GO. sollte noch eine weitergehende Aenderung erfahren. Jetzt kann der Gemeinderat erst dann rechtswirksame Beschlüsse fassen, wenn er auf Grund einer schriftlichen, die Tagesordnung enthaltenden Einladung des Bürgermeisters drei oder einen Tag vorher berufen ist. Ist diese Ladung auch nur einem Mitgliede nicht zugestellt, so ist der Gemeinderat nicht vorschriftsmässig besetzt, seine Beschlüsse sind sämtlich ungültig und können auch nicht durch die vorgeschriebene Bestätigung der Aufsichtsbehörde rechtsverbindlich werden.[1]) Naturgemäss kommt es leicht vor, dass bei einem auswärts wohnenden und regelmässig fehlenden, geborenen oder bei einem verzogenen, gewählten Mitgliede die Zustellung versäumt oder die Frist nicht inne gehalten wird. Mancher Gemeinderatsbeschluss, der schon die Genehmigung der Aufsichtsbehörde gefunden hat, wird deswegen umgestossen werden können. Der Anlass zu unangenehmen Verwicklungen ist damit gegeben. Man muss deshalb eine Aenderung in der Richtung fordern, dass die Beschlüsse eines der Formvorschrift des § 62 GO. entbehrenden Gemeinderates nicht schlechthin ungültig sind, sondern nur innerhalb einer bestimmten Frist angefochten werden können.

Ein vielgehegter Wunsch der Gemeindeangehörigen geht dahin, dass die Tagesordnung etwa eine Woche vorher öffentlich bekannt gemacht werde, damit die Gemeindeangehörigen rechtzeitig zu einer Vorlage Stellung nehmen und die Gemeinderäte informieren können. Letztere würden dann sich der Tragweite ihrer Entschliessung eher bewusst sein. Den Gemeindevertretern wird die Tagesordnung nur kurz zur Durchsicht und Unterschrift vorgelegt, und manche lesen den Inhalt kaum, bekümmern sich nicht weiter darum oder besprechen höchstens mit dem
_____
[1]) OVG. Bd. XXIV, S. 96. Dasbach, S. 102 f.

einen oder anderen Mitglied die Angelegenheiten. Von den Gemeindeeinwohnern erfährt aber niemand etwas von den bevorstehenden Verhandlungen, da alle Gemeinderäte die Tagesordnung als vertraulich und geheim ansehen.

Der Entwurf enthält gleichfalls die Aufhebung des § 41 GO., der sich als unnötiger Ballast erwiesen, gegenwärtig in manchen Gemeinden undurchführbar geworden ist und infolge der Vorschriften über die Führung der Wählerlisten entbehrlich erscheint.

In grösseren Gemeinden haben sich Schwierigkeiten bei Ausübung des Wahlrechts besonders bei Stichwahlen ergeben, die bekanntlich in unmittelbarem Anschluss an die Hauptwahl stattzufinden haben. Sehr leicht kommt es vor, dass bei einer grossen Wählerzahl aus Zeitmangel nicht alle Wahlberechtigten ihr Wahlrecht ausüben können. Dieser Uebelstand wird jetzt behoben, da in Zukunft ein besonderer Tag für die Stichwahlen festzusetzen ist.

Um die berechtigten Zweifel über Anfang und Ende der Amtsdauer der gewählten Vertreter zu beseitigen, bestimmt der Entwurf in Anlehnung an § 64 der Gemeindeordnung von 1891, § 27 der rheinischen Städteordnung und § 63 der Kreisordnung, dass die ausscheidenden Mitglieder bis zur Einführung der gewählten im Amte zu bleiben haben und die Einführung der Neugewählten zu Anfang des nächsten Jahres, das heisst in der ersten Sitzung im Januar, stattzufinden hat. Hierdurch ist einmal Klarheit geschaffen, andererseits ist auch die Möglichkeit der nicht vollzähligen Besetzung des Gemeinderates während eines langdauernden Verwaltungsstreitverfahrens über Gültigkeit und Ungültigkeit der Wahlen beseitigt.

Im Interesse der Gemeinden ist die Abänderung des § 64 GO. sehr zu begrüssen, wodurch ihrem sehr berechtigten Verlangen entsprochen und ein den übrigen Gemeindeverfassungen entsprechender Zustand herbeigeführt werden wird. Bekanntlich geht jetzt bei der zweiten Beschlussunfähigkeit die Beschlussfassung auf den Kreisausschuss, die Aufsichtsbehörde, über. Dies ist ein unbilliger und der Selbstverwaltung der Gemeinden widersprechender Zustand, der für sie mit grossen Nachteilen verbunden ist. Niemand wird dem Kreisausschuss die Fähigkeit absprechen wollen, in Gemeindeangelegenheiten entscheiden zu können. In der Regel aber hält er monatlich nur eine Sitzung ab, wodurch schon eine grosse Verschleppung der Gemeindeangelegenheiten entsteht. Dann ist es für den Kreisausschuss auch nicht gerade leicht, dem mutmasslichen Willen der Gemeinden entsprechend zu beschliessen. Um eine Unterlage für seine Entscheidung zu haben, fordert er vielfach die zum zweitenmal versammelte Minderheit auf, ihren Vorschlag zu unterbreiten, den er dann zur Grundlage seiner Entscheidung macht. Wenn man nun der beschlussunfähigen Minderheit ein nicht im Gesetz begründetes Vorschlagsrecht freiwillig einräumt, erkennt man doch indirekt die Haltlosigkeit der alten Bestimmung an, und man sollte den Gemeinderäten, wenn man ihnen freiwillig ein Vorschlagsrecht gibt, auch die endgültige Beschlussfassung nicht versagen. Endlich ist der Ausschuss in den wenigen Sitzungen, die er abhält, mit Aufsichtssachen und Kreisangelegenheiten so überladen, dass er sich nicht noch eingehend mit der Beschlussfassung über Gemeindeangelegenheiten beschäftigen kann, und er wird die neue Bestimmung als eine Entlastung freudig begrüssen. Durch die Abänderung wird bei den Gemeindeverordneten, die sich bis jetzt sagen mussten, dass sie vergebens ihre Zeit opferten, der Eifer zur Betätigung in der Gemeindeverwaltung gehoben.

§ 25.

bb) Ueberblick über die nicht berücksichtigten Anträge.

Wenn die Abänderungen, welche die Novelle in Aussicht stellt, nicht den gehegten Erwartungen entsprechen, so bedeuten sie doch immerhin eine, wenn auch leider nur kleine Verbesserung. Viele im Interesse der Gemeinden und ihrer Selbstverwaltung liegenden Vorschläge sind bedauerlicherweise nicht berücksichtigt worden.

Auch der bereits besprochenen Forderung der Wahl der Bürgermeister auf beschränkte Zeit durch die Gemeindevertretung ist man nicht näher getreten. Es erscheint daher angebracht, nochmals diese Frage näher zu beleuchten. Wie erinnerlich, ist an dem Recht des Oberpräsidenten, Bürgermeister und Beigeordnete auf Vorschlag des Kreisausschusses zu ernennen, noch nichts geändert worden. Die Bürgermeistereiversammlung ist nur vorher zu hören. Das ist ein ziemlich weitläufiges Verfahren, in dem mehrere Instanzen ihre Stimmen abzugeben haben, wobei leider die Vorschläge ber am meisten Beteiligten, nämlich der Bürgermeistereivertreter, am wenigsten Berücksichtigung finden. Verschlimmert wird dieser Zustand noch dadurch, dass dem Oberpräsidenten die ausschliessliche Befugnis einer komissarischen Ernennung übertragen ist und dass davon fast ohne Ausnahme Gebrauch gemacht wird. Zur Zeit hat sich in der Praxis folgender Brauch herausgebildet: Die Reflektanten für einen Bürgermeisterposten lassen sich in eine beim Oberpräsidenten offenliegende Liste eintragen. Ist eine Bürgermeisterstelle erledigt, so greift der Oberpräsident auf die Liste zurück und schickt entweder einen durch den Landrat oder den Regierungspräsidenten empfohlenen Kandidaten oder, der Reihenfolge der Liste entsprechend, einen Bewerber auf die erledigte Stelle. Die inzwischen in der Bürgermeisterei laut gewordenen Wünsche nach einer bestimmten Person bleiben unberücksichtigt, da schon ein Bewerber vorhanden ist, den die Bürgermeistereiversammlung in ihren Vorschlägen nicht mehr umgehen kann. Noch unhaltbarer wird dieser Zustand dadurch, dass die Kandidaten den verschiedensten Ständen angehören. Es sind Regierungssupernumerare und Sekretäre, ausgeschiedene und verabschiedete Offiziere und Referendare, Militäranwärter oder Bürgermeistereisekretäre mit elementarer Schulbildung. Es ist daher zu fordern, dass, wie dies auch schon anderwärts geschehen,[1] nur Personen mit einer bestimmten Vorbildung in Frage kommen können. Hierdurch wird man die grosse Masse der Bewerber zurückdrängen und die Auswahl unter den mit der verlangten Vorbildung versehenen Leuten bedeutend erleichtern. Sicherlich müssen jetzt gegenüber einem bei den massgebendsten Instanzen begünstigten Bewerber die berechtigten Wünsche der Bürgermeistereiversammlung zurückstehen. Es ist daher die Forderung zu wiederholen, Wahl der Bürgermeister und Beigeordneten auf zwölf Jahre durch die Bürgermeistereiversammlung, ein System, das sich in den Städten ausserordentlich bewährt hat. Dass dieses Recht den Landgemeinden bis jetzt noch vorbehalten worden ist, wird mit den dann möglichen Zwistigkeiten begründet. Wenn zugegeben werden soll, dass Parteilichkeiten bei der Wahl vorkommen können, so wird ihre Wirkung dadurch abgeschwächt, dass immer dem Verlangen eines Teiles der Gemeindeangehörigen Rechnung getragen wird, und daher diese nicht schlimmer zu bewerten sind, als die Nachteile, die bei der Ernennung seitens der Regierung vorzukommen pflegen. Falls die Ge-

---

[1] R. Schmidt, Preuss. Verwaltungsblatt XXV, 279 ff.

meinde sich durch einen Kandidaten bei ihrer Wahl täuschen lässt, leidet sie an diesem Fehlgriff nur zwölf Jahre, aber kein Menschenalter und noch darüber hinaus. Ein einmaliger Fehlgriff ist aber ebenfalls eine Lehre für später, und die Gemeindevertretung wird es dann sicher nicht an der nötigen Vorsicht fehlen lassen.

Auch sind die Forderungen der Vereinigung der rheinischen Bürgermeister auf Gewährung des passiven Wahlrechts zum Kreistage, Stimmrecht des Bürgermeisters im Gemeinderat, sowie Anstellung von besoldeten Gemeindebeamten durch den Bürgermeister, keiner Beachtung gewürdigt worden.[1]) Diese Forderungen sind nicht unberechtigt. Was zunächst die Mitgliedschaft zum Kreistage anbelangt, so wird dieses Verlangen darauf gestützt, dass der Bürgermeister, der die Gemeindeverwaltung am besten kennt, auch der geeignetste Vertreter der Gemeindeinteressen in den höheren Kommunalverbänden ist. Dem mag beigepflichtet werden. Keineswegs darf jedoch die Mitgliedschaft der Bürgermeister im Kreistage dazu führen, die Laienmitglieder in dieser Vertretung zu unterdrücken. Es darf demnach die Zahl der Bürgermeister nur einen bestimmten Bruchteil, etwa ein Viertel der Laienmitglieder, betragen.

Jeder besoldete Beamte wird von der Gemeindevertretung gewählt. Da der Bürgermeister mit den Beamten arbeiten muss und für dieselben die Verantwortung trägt, ist zu

[1]) Sperling, S. 35 ff.

verlangen, dass, nachdem die Schaffung von Stellen vom Gemeinderate bewilligt ist, die Anstellung allein dem Bürgermeister obliegen soll. Wenn dieser Wunsch ebenfalls berechtigt ist, so darf doch nicht übersehen werden, dass seine Erfüllung gleichzeitig eine Einschränkung der an sich schon geringen Befugnisse der Gemeindevertretung in sich schliesst. Würde die Regierung diesen Forderungen einseitig stattgeben, so würde sie auf der Seite der Gemeinden zweifellos eine grosse Entrüstung hervorrufen, da man in diesen Kreisen der Ansicht ist, dass die Stellung der Bürgermeister gegenüber den Vertretungen genügend gefestigt ist. Um den Interessen der Bürgermeister und den Gemeinden gerecht zu werden, ist daher zunächst Wahl der Bürgermeister durch die Gemeindevertretungen, wie oben schon vorgeschlagen, zu verlangen. Es werden dann die Bedenken, die gegen eine zu grosse Stärkung der Stellung des Bürgermeisters erhoben werden, vollständig beseitigt.

Sehr zu bedauern ist, dass der Entwurf die Anträge auf erleichterte Verleihung der Städteordnung an grössere Gemeinden nicht berücksichtigt hat. Im Durchschnitt kann man die Gemeinden wirtschaftlich in drei Klassen: in landwirtschaftliche, in rein industrielle und gemischte Gemeinden, wo Industrie und Landwirtschaft gleichzeitig vertreten sind, einteilen. Verfolgt man nun statistisch die Bevölkerungszunahme in den drei Klassen, so wird man finden, dass einmal in den rein landwirtschaftlichen Gemeinden nur eine unwesentliche und ganz allmähliche Zunahme zu konstatieren ist, und eine ungewöhnliche Vermehrung der Bevölkerung nur durch die Industrie, wenn man von den wenigen Kurorten absieht, hervorgerufen ist. Da der Landwirtschaft in der Regel keine Ausdehnungsmöglichkeit gegeben ist, so kann sie auch nur eine bestimmte Anzahl von Personen beschäftigen und ernähren und demnach auch keine ungewöhnliche Bevölkerungszunahme vertragen. Eine Gemeinde muss aber mit der Zunahme der Industrie ihren landwirtschaftlichen Charakter verlieren. Nimmt man nun eine Gemeinde von 10 000 Einwohnern, so wird man diese eine Industriegemeinde nennen müssen, da in der Regel nur an der Peripherie etwas Landwirtschaft getrieben wird, entsprechend einer Stadt von gleicher Einwohnerzahl. Da ferner ausser ländlichem und städtischem Charakter von Orten keine Unterscheidung gemacht wird, so müssen eben Industriegemeinden, da sie ja ihren ländlichen Charakter verloren haben, städtischen Charakter und Einrichtungen besitzen. Ganz und gar unbegründet ist es daher, dass solche Gemeinden von 10 000 und mehr Einwohnern mit den kleinsten ländlichen Gemeinden auf eine Stufe gestellt und nach den engen Bestimmungen der Landgemeindeordnung verwaltet werden, während Städte mit 2000 Einwohnern nur infolge ihres historischen Daseins die Vorzüge des Städterechts geniessen. Vermindert man letztere um Behörden und öffentliche Anstalten mit ihren Beamten, so werden nur bescheidene Landgemeinden übrig bleiben. Nach den jetzigen Bestimmungen ist es aber höchst selten, dass einer Gemeinde die Städteordnung verliehen wird. Die Staatsregierung wird hauptsächlich durch die Erwägung zurückgehalten, diesem Verlangen der Gemeinden entgegenzukommen, was nach dem Ausscheiden der grösseren Gemeinden mit den Kreisresten geschehen soll. Demgegenüber ist zu berücksichtigen, dass erst mit 40 000 Einwohnern Städte berechtigt sind, einen eigenen Stadtkreis zu bilden, und daher nur wenige Gemeinden aus dem Kreisverbande völlig ausscheiden würden. Andererseits wird man der immer mehr fortschreitenden Entwicklung der Industriegemeinden Rheinlands nicht entgegenarbeiten können. Sollte wirklich der Fall eintreten, dass die verbleibenden Kreisreste nicht mehr lebensfähig sind und ihre besondere Verwaltung sich nicht mehr verlohnen, so können diese dann unter die Nachbarkreise, wie kürzlich noch geschehen, aufgeteilt werden.[1])

Es erscheint somit vollkommen gerechtfertigt, dass die Landgemeinden mit über 10 000 Einwohnern berechtigt sein sollen, die Städteordnung anzunehmen, wenn sie imstande sind, den an sie gestellten Anforderungen nachzukommen. Ferner würde ihnen bei Erreichen einer Einwohnerzahl von über 40 000 Seelen nach der Städteordnung von

---

[1]) So bei dem Landkreis Duisburg.

selbst das Recht zustehen, einen eigenen Stadtkreis zu bilden.

Einer Stärkung der Selbstverwaltung würde es auch entsprechen, wenn der § 62 GO. dahin abgeändert würde, dass man die Feststellung der Gemeinderechnung nach sorgfältiger Prüfung durch Sachkundige der Zuständigkeit des Gemeinderates überliesse. Sodann sollte dem Gemeinderate die Befugnis eingeräumt werden, ausserordentliche Ausgaben, soweit sie keine Erhöhung der Gemeindeumlagen bedeuten und einen bestimmten Betrag nicht übersteigen, selbständig zu genehmigen. Nach den jetzigen Bestimmungen unterliegen alle noch so unbedeutende ausserordentliche Ausgaben der Genehmigung des Kreisausschusses, was aber immer eine grosse Verzögerung bedeutet und Härten mit sich bringt.

Nach den angestellten Ermittelungen[1]) sind allein im Regierungsbezirk Trier 774 Gemeinden, die weniger als 600 Einwohner zählen, darunter nahezu 300 Gemeinden unter 200 Seelen, sicherlich ein Beweis dafür, dass die Gemeindebezirke zum Teil sehr unzweckmässig gestaltet und auch zu klein sind, um einen eigenen Haushalt zu führen. Dass diese Gemeinden nicht imstande sind, die ihnen zumal in der Gegenwart obliegenden Anforderungen zu erfüllen, ist auch aus der jeweiligen steuerlichen Belastung ersichtlich, die sich bisweilen zu einer Höhe von 1200 % des staatlichen

---

[1]) Anl. z. d. Prot. 49. Prov. Landtg. S. 285.

Steuersolls emporschwingt. Mit Recht ist daher vorgeschlagen worden, das Verfahren zu vereinfachen, nach welchem solche Zwerggemeinden auch gegen ihren Willen vereinigt werden können, und zwar etwa so: „Landgemeinden können mit anderen nach Anhören der Beteiligten und des Kreisausschusses mit Genehmigung des Oberpräsidenten vereinigt werden. Bei mangelndem Einverständnis kann deren Zustimmung aus Gründen des öffentlichen Interesses im Verwaltungsstreitverfahren ersetzt werden."

Bezüglich derjenigen Angelegenheiten, die mehreren Gemeinden ein und derselben Bürgermeisterei oder Gemeinden aus verschiedenen Bürgermeistereien gemeinsam sind, hat der Provinziallandtag verlangt, für diese Gemeinden einheitliche Rechtsträger zu schaffen und sie zu Zweckverbänden zusammenzulegen, vor allem aber das Verfahren zu vereinfachen durch ein dem § 2 Ziff. 3 der östlichen Landgemeindeordnung aufzunehmende entsprechende Bestimmung. Die Staatsregierung hat nach einer Prüfung diese Forderung als berechtigt angesehen, glaubte aber vorläufig keine Abhilfe schaffen zu können, um auch den aus anderen Landesteilen laut gewordenen Wünschen gerecht zu werden und nicht einer für die gesamte Monarchie vorgesehenen Regelung vorzugreifen.[1]

Ausser diesen wichtigen, kurz erörterten Punkten gibt es noch manche Bestimmungen,

---

[1] Vergl. § 26 der Schrift.

deren Abänderung zu begrüssen sein würde. Die Frage, ob die Novelle eine wesentliche Aenderung in der Verwaltung herbeiführen wird, darf man bei einem Vergleich der berücksichtigten und nicht berücksichtigten, zeitweise sehr berechtigten Anträge mit Sicherheit verneinen. Abgesehen davon, erscheint es zur Zeit auch äusserst zweifelhaft, ob der Entwurf überhaupt Gesetz werden wird. Das Herrenhaus nämlich, das ihn bereits beraten hat, glaubte ihm nicht völlig beistimmen zu können und änderte ihn in einigen Punkten einschränkend ab. Demgegenüber haben sich im Abgeordnetenhause eine Anzahl Volksvertreter die Aufgabe gestellt, für die Erweiterung der Selbständigkeit der Gemeinden weittragende Forderungen geltend zu machen, die erheblich über das Mass auch des Regierungsentwurfs hinausgehen. Sollte sich nun, was sehr wahrscheinlich erscheint, eine Mehrheit für diese Vorschläge im Abgeordnetenhause finden lassen, so würde deren Annahme die Ablehnung des Entwurfs bedeuten, da das Herrenhaus keinesfalls von seinem früheren Standpunkte abweichen wird.

Freilich würde dieses Ergebnis ein sehr betrübendes sein, da der Regierungsentwurf wenigstens die Beseitigung einiger Hauptmängel in der Gemeindeordnung vorsieht und somit seine Annahme jedenfalls einen Fortschritt bedeuten würde.[1]) Weiter ist aber auch

---

[1]) Der Landtag hat inzwischen den Entwurf abgelehnt und die Regierung von der Einbringung einer neuen Vorlage vorläufig Abstand genommen.

nicht zu übersehen, dass die Annahme des Entwurfs wieder manche Bresche in die Landgemeindeordnung legen wird, was die Handhabung der bereits durch neue Verwaltungsgesetze, insbesondere Kreisordnung, Landesverwaltungs- und Zuständigkeitsgesetz, sehr abgeänderten Landgemeindeordnung noch mehr erschweren dürfte als bisher. Es wird daher selbst bei Annahme des Entwurfs, sei es in der Fassung der Regierungsvorlage oder in der Feststellung des Herrenhauses, der Ruf nach einer vollständigen Kodifikation des Landgemeinderechts, in dem alle vorgeschlagenen Verbesserungen Berücksichtigung finden werden, zur Erweiterung der Selbstverwaltung der Landgemeinden nicht verstummen. Möge dieser Ruf nicht zu lange unerfüllt bleiben und die Reform jedenfalls im Anschluss an die geplante grosse Verwaltungsorganisation zur Tatsache werden.

---

6. Abschnitt.

Das Zweckverbandsgesetz vom 19. Juli 1911 und seine Bedeutung für die rheinischen Landgemeinden.

§ 26.

a) Der wesentliche Gesetzesinhalt.

Die von der Regierung bei der Beratung der Novelle zur Landgemeindeordnung in-

Aussicht gestellte Vorlage eines Zweckverbandsgesetzes-Entwurfs für die ganze Monarchie mit Ausnahme von Gross-Berlin ist dem Abgeordnetenhause unter dem 20. Januar 1911 zugegangen. Nach Billigung seitens der gesetzgebenden Körperschaften ist die Verkündung am 19. Juli 1911 erfolgt.[1])

Die wesentlichen für die -Rheinprovinz praktisch werdenden Bestimmungen sind folgende.

Verbindung von Landgemeinden, Bürgermeistereien, Städten und Landkreisen zwecks Erfüllung einzelner kommunaler Aufgaben jeder Art zu Zweckverbänden ist möglich, falls unter den Beteiligten Einverständnis besteht. In diesem Falle beschliesst über die Bildung des Verbandes, falls nur Landgemeinden und Bürgermeistereien in Frage stehen, der Kreisausschuss, in allen anderen Fällen der Bezirksausschuss (§ 1).

In Ermangelung eines Einverständnisses ist die Bildung eines Zweckverbandes nur zur Erfüllung von allen Beteiligten gesetzlich obliegenden kommunalen Aufgaben gestatet, wenn zudem das öffentliche Interesse die Bildung erheischt (§ 2 Abs. 1).

Auf Antrag von mindestens einem Drittel der Beteiligten oder vom Kreis- oder Bezirksausschuss kann der Oberpräsident, falls nach seiner Auffassung die Voraussetzungen zur Bildung eines Verbandes gegeben sind, das

---

[1]) GS. S. 115 ff.

Beschlussverfahren über die mangelnde Zustimmung anordnen (§ 2 Abs. 2 und 3). Nach Erledigung des Beschlussverfahrens steht den Beteiligten binnen einer Ausschlussfrist von vier Wochen Klage beim Oberverwaltungsgericht zu, die indes nur darauf gestützt werden kann, dass die Aufgabe, wegen welcher die Bildung des Verbandes beantragt ist, keine den Beteiligten gesetzlich obliegende sei. Nach Ergänzung des mangelnden Einverständnisses beschliesst der Oberpräsident über die Bildung des Zweckverbandes. Ausnahmsweise hat trotz Vorliegens der erwähnten Voraussetzungen die Bildung eines Zweckverbandes zu unterbleiben, falls ein Beteiligter bereit und imstande ist, die in Frage stehende gemeinsame Aufgabe zu erfüllen, indem er entweder den übrigen Beteiligten die Mitbenutzung einer kommunalen Einrichtung, die Gegenstand des zu gründenden Zweckverbandes werden sollte, gegen angemessene Entschädigung einräumt oder eine derartige Einrichtung für den Verband schaffen will. Ueber das Vorhandensein dieser besonderen Voraussetzungen, sowie über die Höhe der Entschädigung, falls sie streitig ist, beschliesst der Kreis-(Bezirks)ausschuss. (§ 2 Abs. 5). Die Veränderung in der Zusammensetzung, sowie die Auflösung des Zweckverbandes regeln sich nach gleichen Grundsätzen und gleichem Verfahren, wie bei der Entstehung (§ 5). Bei Bildung des Zweckverbandes ist auf bereits bestehende Verbände, Bürgermeistereien, Schul-, Wegebau-, Armenverbände, nach Möglichkeit Rücksicht zu nehmen. Der Zweckverband hat die Rechte einer öffentlichen Korporation, falls allen Verbandsmitgliedern, was in der Rheinprovinz stets der Fall sein wird, diese Rechte uneingeschränkt zustehen (§ 6). Ueber die Regelung der Verhältnisse infolge Verbindung der Zusammensetzung oder Auflösung des Zweckverbandes beschliesst der Kreis-(Bezirks)-ausschuss, wogegen innerhalb vier Wochen Klage im Verwaltungsstreitverfahren zulässig ist.

Bei dieser Regelung können einzelne Beteiligte zu Vorausleistungen verpflichtet werden, falls andere aus der Verbindung nur unwesentlichen Vorteil erlangen. Auch sind zum Ausgleich öffentlichrechtlicher Interessen der Verbandsglieder nötigenfalls Bestimmungen zu treffen. Den Zwecken des Verbandes dienende Einrichtungen, die Eigentum eines Beteiligten sind, verbleiben demselben, falls er nicht verlangt, dass das Eigentum an der Einrichtung auf den Verband gegen Entschädigung übergehen soll (§ 7).

Die Satzung des Zweckverbandes ist von den Beteiligten durch Vereinbarung festzusetzen, die der Bestätigung des Kreis-(Bezirks)ausschusses unterliegt.

Ist eine Uebereinstimmung nicht zu erzielen, so stellt der Kreis-(Bezirks)ausschuss die Satzung durch nach mündlicher Verhandlung zu fassendem Beschluss fest, und zwar bei freiwilliger Verbandsbildung auf Antrag aller Beteiligten, sonst ohne Antrag. Nach der Satzung kann die Verbandsverwaltung einem Gliede übertragen werden. Gehören mehrere zu einem Verbande vereinigte Gemeinden derselben Bürgermeisterei an, so kann die Verbandsverwaltung gleichfalls der Bürgermeisterei übertragen werden (§ 9). Mindestens zwei Organe sind gesetzlich erforderlich, der Verbandsausschuss, der über die Angelegenheiten des Verbandes beschliesst, und der Verbandsvorsteher, als ausführende Behörde und Vertreter nach aussen (§ 11).

Der Verbandsvorsteher und sein Stellvertreter werden in Ermangelung besonderer Bestimmungen in der Satzung vom Verbandsausschuss aus der Zahl seiner Mitglieder auf eine näher festzusetzende Amtszeit gewählt. Die Wahl unterliegt, sofern er nicht für das Verwaltungsamt, das er bekleidet, ernannt oder bestätigt ist, der Bestätigung des Landrats; falls Städte oder Landkreise in Frage stehen, regelmässig der des Königs (§§ 15, 22). Der Verbandsvorsteher führt den Vorsitz im Ausschuss und gibt bei Stimmengleichheit den Ausschlag, vereidigt die gewählten Mitglieder und stellt die Beamten des Verbandes an.

Er entscheidet auf Beschwerden oder Einsprüche:

1. über das Recht zur Mitbenutzung der Anlagen, Anstalten und Einrichtungen des Verbandes;

2. über Heranziehung zu Gebühren, Beiträgen und Umlagen für Verbandszwecke. Gegen diese Entscheidungen ist innerhalb

zwei Wochen das Verwaltungsstreitverfahren durch Klage beim Kreisausschuss möglich (§ 21).

Der Verbandsausschuss wird aus Abgeordneten der Verbandsglieder gebildet. Jedes Glied muss mindestens durch einen Abgeordneten vertreten sein. Im übrigen werden die Abgeordneten entweder nach Verhältnis der Einwohnerzahl oder nach dem Massstab ihrer Beteiligung an den Zweckverbandsaufgaben, oder nach bestimmten Steuergrundsätzen, oder nach einem durch die Satzung zu bestimmenden Massstabe verteilt. Bei mehr als drei Verbandsgliedern soll jedoch die Zahl der Abgeordneten eines Verbandsgliedes in der Regel stets weniger als die Hälfte der Gesamtzahl betragen. Die Verteilung der Abgeordneten kann bei wesentlicher Aenderung erneut geregelt werden (§ 12). Ohne Wahl sind Mitglieder des Ausschusses als Vertreter einer Gemeinde, der Gemeindevorsteher (Bürgermeister in Städten) oder ein von ihm zu bestimmendes Glied der Gemeindeverwaltung, einer Bürgermeisterei, der Bürgermeister, eines Kreises, der Landrat. Die sonstigen Abgeordneten und deren Ersatzmänner werden durch die Vertretungen der Beteiligten auf bestimmte Zeit gewählt (§ 13). Falls die Satzung keine erschwerenden Bestimmungen darüber enthält, ist der Verbandsausschuss bei Anwesenheit von zwei Drittel der Mitglieder beschlussfähig. Nach festgestellter Beschlussunfähigkeit ist die neue über denselben Gegenstand anberaumte Sitzung bedingungslos beschlussfähig, wenn hierauf in der Einladung zur zweiten Sitzung hingewiesen ist. Die Abstimmung erfolgt nach einfacher Stimmenmehrheit, jedoch kann die Satzung bei bestimmten Angelegenheiten Erschwerungen bestimmen (§ 14), bei Einsprüchen über Gültigkeit der Wahl des Verbandsvorstehers, bei der sich eine besondere Bestätigung erübrigt, sowie auch über Oeffentlichkeit seiner Verhandlungen (§ 23).

Der Zweckverband ist ermächtigt, nach Massgabe des Kommunalabgabengesetzes vom 14. Juli 1893 Gebühren und Beiträge zu erheben, soweit diese sowie die eigenen Einnahmen des Verbandes zur Bestreitung der Ausgaben nicht ausreichen, wird der Fehlbetrag nach bestimmten Grundsätzen auf die Verbandsglieder umgelegt (§ 17). Die Aufbringung der Verbandsumlagen seitens der Verbandsglieder bleibt ihrer Verfassung vorbehalten (§ 18 Abs. 1). Die anzustellenden Beamten des Zweckverbandes gelten als solche von Landgemeinden, bei Beteiligung von Städten und Landkreisen, als solche von Städten (§ 19). Die Angehörigen der Verbandsglieder sind zur Mitbenutzung der öffentlichen Einrichtungen des Zweckverbandes berechtigt (§ 20).

Hinsichtlich der staatlichen Zuständigkeiten wird der Zweckverband bei Beteiligung von Landgemeinden und Bürgermeistereien einer Landgemeinde, in allen anderen Fällen einer Stadt gleich geachtet (§ 22). Beschlüsse über Anleihen oder sonstige Belastungen des

Verbandes oder Belastung der Verbandsglieder durch erhebliche Erhöhung der Umlagen bedürfen der Bestätigung durch den Kreis- (Bezirks)ausschuss (§ 24).

§ 27.
b) Die Bedeutung für die rheinischen Landgemeinden.

Den Vorläufer des gegenwärtigen Zweckverbandes geschaffen und diesem den Weg geebnet zu haben, ist das Verdienst der Landgemeindeordnung für die sieben östlichen Provinzen der Monarchie vom Jahre 1891. Die Idee, die dem damaligen Gesetze zu Grunde lag, war, die Verbindung leistungsunfähiger Gemeinden zu grösseren Kommunalbezirken zu ermöglichen, um durch Schaffung eines neuen Verbandes als eines Mittelgliedes zwischen Ortsgemeinden und Kreisen eine Stärkung der Gemeindeeinheiten zu erreichen, ohne deren Selbständigkeit in Frage zu stellen.[1]) Mit unbedeutenden Abweichungen wurde dann dieses Institut von den Landgemeindeordnungen für Schleswig-Holstein vom 4. Juli 1892 und Hessen-Nassau vom 4. August 1897 übernommen.

Es fehlte sonach auch in der Rheinprovinz, abgesehen von den Gesamtschulverbänden, den Armen- und Spritzenverbänden und der Bestimmung des Artikels 15 des Gemeindeverfassungsgesetzes, der die Bildung des sog. kleinen Bürgermeistereiverbandes ohne Kor-

---

[1]) Drucks. Abg. Session 1911, No. 339, S. 3.

porationsrechte vorsah, an einer gesetzlichen Regelung des Zweckverbandes.

Seit dem 1. Oktober 1911 ist jetzt auch in der Rheinprovinz die Zweckverbandsbildung möglich, die für einen Teil der Landgemeinden von nicht zu unterschätzenden Nutzen sein wird. Die freiwillige Bildung des Zweckverbandes, die ein allseitiges Einverständniss seitens der Beteiligten zur Voraussetzung hat, ist möglich zwecks Erfüllung beliebiger, dem ausgedehnten Gebiete der kommunalen Verwaltung angehörenden, Aufgaben. Demnach werden sowohl die den Gemeinden gesetzlich obliegenden als auch die freiwillig von ihnen übernommenen Aufgaben erfasst. Nach der Fassung des Gesetzes kann sich der Zweckverband jedoch immer nur einzelne kommunale Aufgaben zum Ziele setzen, und zwar besonders aussergewöhnliche, die zu starke Anforderungen an die Leistungsfähigkeit der einzelnen Gemeinden stellen.

Man hat aus verschiedenen Gründen davon Abstand nehmen müssen, es dem Zweckverband zu ermöglichen, eine Mehrheit von Aufgaben zu übernehmen. Zunächst ist der Hauptzweck des Zweckverbandes, denjenigen leistungsschwachen Gemeinden zur Hilfe zu kommen, bei denen eine Eingemeindung mit einer leistungskräftigen Gemeinde nicht in Frage kommen kann, nämlich dann, wenn es sich nur um eine partielle Interessengemeinschaft unter den Beteiligten handelt und eine Eingemeindung ein zu weitgehender Eingriff in die Selbständigkeit der einzugemeindenden Ortschaften bedeuten würde, oder wenn ein leistungskräftiges Gemeinwesen kein Interesse an einer Eingemeindung hat.[1]) Bei einer allgemeinen Interessengemeinschaft hingegen ist eine Eingemeindung nach wie vor das Gegebene, und dieser wird in keiner Weise ein Riegel vorgeschoben.[2]) Noch erheblicher sind die Bedenken, die vom verwaltungstechnischen Standpunkte aus gegen eine Vielheit von Zweckverbandsaufgaben zu erheben sind. Es ist vorab sehr zu bezweifeln, ob überhaupt der Zweckverband infolge der Interessenverschiedenheit der einzelnen Glieder und der mangelnden Einheitlichkeit imstande wäre, eine Mehrheit von Aufgaben erfolgreich durchzuführen. Selbst bei dieser Unterstellung würde, abgesehen von einer ungesunden Häufung von Zweckverbänden für eine Gemeinde, ein zu grosser Teil der einheitlich verwalteten Gemeindeangelegenheiten dem Mittelpunkt der Gemeindeverwaltung entzogen. Ausser nachteiligen Verwaltungskomplikationen würde dieser Zustand die Entwickelung einer solchen Gemeinde äusserst nachteilig beeinflussen.

Eine Verbandsbildung hat natürlich auch in dem Falle zu unterbleiben, wenn eine Gemeinde nicht imstande ist, den auf sie entfallenden Anteil der Verbandsunkosten zu tragen. Sind anderseits die Beteiligten zu einer

---
[1]) Drucks. Herr. 1911, No. 127 A, S. 8.
[2]) Drucks. Abg. 1911, No. 399, S. 20 f.; Drucks. Herr. 1911, No. 127 A, S. 7.

Eingemeindung bereit und auch seitens der Aufsichtsbehörden keine Einwendungen erhoben, so ist es selbstverständlich, dass hier die Bildung eines Zweckverbandes nicht mehr in Frage kommen kann. Wenn demnach begründeten Eingemeindungen kein Ziel gesetzt ist, so hat andererseits doch die Stellung der Landgemeinden eine erhebliche Stärkung erfahren gegenüber den eingemeindungsfreudigen grösseren Gemeinwesen.

Der heutige Zweckverband ist gegenüber dem der östlichen Landgemeindeordnung bedeutend erweitert worden. Der Kreis der Kommunalverbände, hinsichtlich derer eine Verbindung miteinander zugelassen wird, ist durch Einbeziehung der Bürgermeistereien, der Kreise und Städte bedeutend vergrössert worden. Ein weiterer Vorteil der Neuregelung ist darin zu suchen, dass man von der nachbarlichen Lage der einzelnen Gemeinden Abstand genommen hat. Auch hat sich durch Hinzunahme der Städte der Gesichtspunkt, von dem die Landgemeindeordnung ausgegangen war, geändert, da nicht bloss Verbindung von leistungsschwachen Gemeinden zu grösseren Gebilden ermöglicht ist, sondern leistungsschwache jetzt auch mit leistungsfähigen, und letztere auch mit ihresgleichen vereinigt werden können.[1]

Um die Möglichkeit gänzlich zu beseitigen, dass eine freiwillige Verbandsbildung durch den Widerspruch eines Einzelnen hinfällig gemacht werden kann, ist auch die

---
[1] Drucks. Herr. 1911, No. 127 A, S. 19.

zwangsweise Bildung eines Zweckverbandes zulässig, eine Bestimmung, deren Bedeutung mehr in einer Drohung für Quertreiber zu suchen ist, als dass sie durch allzu häufige Anwendung ihre Berechtigung dartun soll; denn die blosse Möglichkeit, einen Widerstrebenden zwingen zu können, wird in der Regel genügen, um jeden unnötigen Widerstand zu beseitigen.[1]) Ferner sind auch die Aufsichtsbehörden meistens in der Lage, durch Einwirkung auf verbandsfeindliche Strömungen einer freiwilligen Bildung den Weg zu ebnen.

Für den Fall, dass eine autoritative Verbandsbildung tatsächlich erforderlich ist, werden einmal an die Bildung des Zweckverbandes erschwerende Voraussetzungen geknüpft, dann aber auch wird der Kreis der Aufgaben, die Gegenstand des Verbandes sein können, wesentlich eingeschränkt. Wenn auch die Begriffe „gesetzlich obliegende Leistungen" und „öffentliches Interesse, die sich gleichfalls als Bedingungen einer obrigkeitlichen Bildung darstellen, nicht bestimmt umgrenzt werden können, zumal sie der Fortbildung durch Gesetzgebung und Rechtsprechung unterliegen, so kann nicht geleugnet werden, dass hier sehr wenige Materien in Frage kommen können, hinsichtlich derer gegenwärtig die Verbandsbildung gefordert werden kann. Als solche wurden bei den Beratungen erwähnt: Allgemeine Gemeindeverwaltung, Schulunterhaltung, Armen-, Wege-, Polizeiverwaltung,

---
[1]) Drucks. Abg. 1911, No. 339, S. 14 f.

Wasserleitungs- und Entwässerungsanlagen,. letztere unter der Voraussetzung des § 35· des Reichsseuchengesetzes vom 30. Juni 1900· (RGBl. S. 300).[1]) Hierzu tritt noch die Baufluchtlinienfestsetzung nur unter der Voraussetzung, dass die Polizeibehörde diese beantragt.[2])

Von grosser Wichtigkeit ist auch die Vorschrift, welche die Bedingungen festlegt, bei deren Vorliegen sich eine Gemeinde dem zwangsweisen Eintritt in einen Zweckverband entziehen kann. Hierdurch ist man namentlich grösseren Städten sehr entgegengekommen. Leistungskräftige Gemeinwesen und solche mit vollendeten kommunalen Einrichtungen haben die Wahl, einem zwangsweise zu bildenden Zweckverband beizutreten oder die Bildung des Verbandes dadurch hinfällig zu machen, dass sie den übrigen Beteiligten Mitbenutzung ihrer vorhandenen oder noch zu errichtenden Einrichtungen gestatten. Hierdurch wird vermieden, dass ein Gemeinwesen die Einrichtungen, die es sich vielfach unter grossen Opfern geschaffen hat, dem Zweckverband zu überlassen gezwungen wird, eine Härte, die noch dadurch verschärft wird, dass diesem Verbandsgliede ausser der Verfügung auch die Verwaltung über die fragliche Einrichtung entzogen wird. Hinzu kommt, dass dieses Glied von dem Verbande nicht nur keine Vorteile, sondern bloss Lasten hat. Dass aber in einem Zwangsverband, in dem

---
[1]) Drucks. Abg. No. 339, S. 15.
[2]) Drucks. Herr. No. 127 A, S. 20.

ein Gemeinwesen die Rolle eines unfreiwilligen Gebers gegenüber den anderen Verbandsmitgliedern zu spielen gezwungen wird, ein gedeihliches Zusammenwirken sehr erschwert wird und grosse Unzuträglichkeiten entstehen können, bedarf keiner weiteren Ausführung. Durch die den leistungsfähigen Gemeinwesen zugestandene Alternative werden derartige missliche Zustände in einem Zweckverband sich kaum bemerkbar machen. Auch bietet diese Vorschrift eine weitere Gewähr dafür, dass eine Zwangsverbandsbildung eine grosse Seltenheit bleiben wird, da in allen Fällen, in denen eine zwangsweise Bildung ernstlich in Erwägung gezogen wird, ein Gemeinwesen mit vollendeten Einrichtungen von dem Rechte der Gewährung der Mitbenutzung seiner Einrichtungen durch die anderen Beteiligten Gebrauch machen wird, ohne es auf die Verbandsbildung ankommen zu lassen.

Den Landgemeinden aber wird in jedem Falle in einwandfreier Weise eine Unterstützung zuteil, die sie früher keinesfalls erlangen konnten.

Harte Kämpfe entspannen sich bei der Beratung über die Art und Weise der Stimmverteilung im Verbandsausschuss. Auf den ersten Blick mag es eigenartig erscheinen, dass ein Verbandsglied, das Verbandseinrichtungen eingebracht hat, demnach zu den Lasten am meisten beiträgt, dagegen kaum Vorteil durch den Verband erhielt, nach der Fassung des Gesetzes nicht in der Lage ist, in jedem Falle einen entscheidenden Einfluss auf die Verbandsverwaltung auszuüben. Wie hart dies auch klingen mag, so ist nicht einzusehen, wie auf der anderen Seite der Zweckverband seinen Zweck, nämlich einer Reihe von leistungsschwachen Gemeinden bei Erfüllung von grosszügigen Aufgaben zu helfen, erfüllen könnte, wenn das stärkere Glied imstande wäre, die übrigen stets zu überstimmen oder die Verhandlungen durch Herbeiführung der Beschlussunfähigkeit hinzuzuziehen. Demnach ist auch der vom Gesetz eingeschlagene Weg, es im einzelnen Falle der Satzung des Verbandes zu überlassen, ob einem Verbandsglied Stimmenmehrheit zukommen soll, der einzig richtige. Aus der Möglichkeit, dass die kleineren Verbandsglieder, regelmässig die Landgemeinden, stets Stimmenmehrheit besitzen können, ergibt sich weiter, dass sie es in der Hand haben, den Verbandsvorsteher aus den Vertretern der ihrigen zu wählen, eine weitere Garantie, dass die Leitung des Verbandes in ihrem Sinne geführt wird.

Da im Falle von Einbringen etwaiger Einrichtungen eines Gliedes dieses die Verfügung und Verwaltung zugunsten des Verbandes verliert, hat das Eigentum nur geringere oder gar keine Bedeutung mehr für den Berechtigten. Um hier mögliche Härten aus dem Wege zu räumen, ermächtigt das Gesetz den Eigentümer, sich seines Eigentums zu entledigen, indem es der Verband auf sein Verlangen übernehmen muss.

Erfreulicherweise hat man hier im Vergleiche zur Landgemeindeordnung grössere Rücksicht auf die Stellung des Gemeindevorstehers genommen und ihm den ihm als Vertreter der Gemeinde im Verbandsausschuss gebührenden Platz als geborenes Mitglied nicht vorenthalten. Freilich kann ausnahmsweise an seiner Stelle auch der Bürgermeister hierzu bestellt werden. Mit Recht enthält eine Anweisung des Ministers des Innern (Verfügung vom 17. August 1911) erschwerende Bestimmungen darüber, dass der Bürgermeister nur in Ausnahmefällen und nach vorherigem Anhören des Gemeindevorstehers vom Kreisausschuss vorzuschlagen ist. Tatsächlich wird aber der Bürgermeister auch in den wenigsten Fällen in der Lage sein, eine einzelne Gemeinde vertreten zu können. In dem Falle, wo die Verwaltung des Zweckverbandes einer Bürgermeisterei übertragen wird und dann ein Verbandsausschuss nicht besteht, erübrigt sich diese Bestimmung ganz. In vielen anderen Fällen sind regelmässig mehrere Gemeinden einer Bürgermeisterei an dem Verbande beteiligt. Hier kann nur der Bürgermeister als Vertreter einer Gemeinde in Betracht kommen. Da nun der Bürgermeister ferner in den Fällen, wo es sich um Landgemeinden und Bürgermeistereien handelt über den Zweckverband die Aufsicht zu führen hat (§ 22), so kann er unmöglich gleichzeitig auch Vertreter eines einzelnen Gliedes sein. Diese erst bei den Verhandlungen entstandene Fassung bedeutet keineswegs eine Verbesserung gegenüber dem Regierungsentwurf, der in dem Gemeindevorsteher den ausschliesslich geborenen Vertreter in dem Verbandsausschuss sehen wollte.

Nicht zuletzt sucht das Gesetz einen billigen Ausgleich zu schaffen zwischen den Leistungen der leistungskräftigen und den der leistungsschwachen Gemeinden. In hinreichender Weise ist es bestrebt, den Gemeinden, welche zugunsten der schwachen Glieder zu manchen Opfern sich verstehen müssen, dadurch Gerechtigkeit widerfahren zu lassen, dass diejenigen, welche die meisten Vorteile durch den Zweckverband erlangen, zu Vorausleistungen verpflichtet werden können, und ferner in weitgehendem Masse Ausgleichungsmöglichkeiten der öffentlich-rechtlichen Interessen unter den Gliedern getroffen sind, und die jedesmalige Festsetzung der Entschädigung oder Auseinandersetzungen in unparteiischer Weise durch den öffentlich-rechtlichen Rechtsweg erfolgen kann.

Das Gesetz, dessen ganze Bedeutung sich um so mehr zeigen wird, je häufiger es zur Anwendung gelangt, wird daher den Landgemeinden, bei denen die Erfüllung der kommunalen Aufgaben auf sehr grosse Schwierigkeiten stösst, mit Hilfe der Städte und Landkreise unermessliche Vorteile bringen. Den Landgemeinden eröffnen sich jetzt glänzende Aussichten, sich unter Wahrung ihrer Selbständigkeit an grossen kommunalen Aufgaben zu beteiligen. Ebenso wird aber durch die Rechte, die das Gesetz den Gemeinden zuteil werden lässt, ihr Ansehen gegenüber den Städten in unverkennbarer Weise gehoben. Dadurch dass dem Zweckverband in der Rheinprovinz stets die Rechte einer öffentlichen Korporation zukommen, ist ein weiterer die übrigen Verbände bis zum Kreise einschliesslich durchkreuzender Kommunalverband geschaffen worden. Es steht daher zu befürchten, dass hierdurch das an sich bereits sehr verwickelte Verwaltungssystem noch komplizierter gemacht werde. Dieser Befürchtung sucht das Gesetz freilich dadurch Rechnung zu tragen, dass es gebietet, auf bereits vorhandene Verbände „tunlichst Rücksicht" zu nehmen. Mag es vielfach möglich werden, dieser Vorschrift nachzukommen, in der Mehrzahl der Fälle werden sich aber die Bedürfnisse des Zweckverbandes schwerlich mit den Grenzen bestehender Kommunalverbände in Einklang bringen lassen. Es dürfte dies freilich ein kleiner, aber auch nicht zu beseitigender Nachteil des Zweckverbandes sein.

Opponenten: Referendar Dr. Mendel,
Referendar Dr. Knipp.

Lebenslauf.

Am 12. Dezember 1884 wurde ich, Georg Rolef, zu Gut Medinghoven, als Sohn des verstorbenen Rittergutspächters Peter Rolef geboren. Ich bin katholischer Konfession. Nach vierjährigem Besuch der Elementarschule zu Duisdorf kam ich zum Königlichen Gymnasium in Bonn, wo ich am 17. März 1905 das Abiturientenexamen bestand. Während ich meiner aktiven Wehrpflicht genügte, besuchte ich die Universität Bonn, wo ich in zwei Semestern die Vorlesungen der Herren Professoren: Cosack, Loersch, Zitelmann und Zorn hörte. In meinem dritten Semester studierte ich in Marburg, im vierten wieder in Bonn. Hier blieb ich bis zur Beendigung meiner Studien und hörte während dieser Zeit die Vorlesungen und Uebungen der Herren Professoren und Privatdozenten: Bergbohm, Cosack, Crome, Dietzel, Heimberger, Landsberg, Raape, Schumacher, Stier-Somlo, Westphal, Zitelmann und Zorn.

Am 19. Juni 1909 bestand ich vor der Prüfungskommission am Oberlandesgericht in Köln das Referendarexamen. Dem Amtsgericht in Euskirchen überwiesen, blieb ich dort bis Ende März 1910. Hierauf kam ich an das Landgericht in Bonn, wo ich jetzt in der zweiten Amtsgerichtsstation beschäftigt bin. Die mündliche Doktorprüfung bestand ich am 24. November 1911.

Die Anregung zu der Arbeit erhielt ich von Herrn Professor Stier-Somlo, der mir auch bei der Anfertigung wesentlich behilflich war. Auch Herrn Geheimrat Zorn verdanke ich manchen wertvollen Wink. Beiden Herren fühle ich mich zu grösstem Danke verpflichtet.

CPSIA information can be obtained
at www.ICGtesting.com
Printed in the USA
BVHW091407041118
532125BV00012B/395/P